## Zu diesem Buch

Winkelmanns Buch diskutiert klar und einleuchtend, wie biblische Wunder verstanden werden können. Der Autor berücksichtigt dabei die kulturelle Umwelt der Bibel, ohne die teils unbekannten Deutungsversuche in der theologischen Tradition bis hin zur modernen Bibelwissenschaft zu vergessen. Hier begegnen sich Antike, Judentum und gegenwärtige Naturwissenschaft.
Weil der Autor übersichtlich und verständlich schreibt, bietet sich dieses Buch gerade für Praktiker an, nicht zuletzt deshalb, weil es mit konkreten Beispielen, Deutungen und Textvergleichen der biblischen Wunder aufwarten kann. Darüber hinaus zeigt es ohne Kniefall, daß sich Vernunft und Glaube nicht widersprechen müssen.

Michael Winkelmann

# Biblische Wunder

## Kritik, Chance, Deutung

Verlag J. Pfeiffer · München

Mitglied der »verlagsgruppe engagement«

Nr. 140
PFEIFFER-WERKBÜCHER
herausgegeben von
Otto Betz


Printed in Germany
Druck: G. J. Manz AG, Dillingen/Donau
Umschlagentwurf: Barbara Bös

ISBN 3-7904-0248-6

»Ein Wunder ist ein Ereignis, das Glauben schafft. Das ist der Zweck und die Natur der Wunder. Sie mögen den Leuten, die ihnen beiwohnen, sehr wunderbar erscheinen und sehr einfach denen, die sie vollbringen. Das ist einerlei. Wenn sie Glauben festigen oder schaffen, sind es echte Wunder.«

George Bernard Shaw

# Inhalt

Dabei wird es zunächst einmal darum gehen, die Aussagen von Theologen zu beleuchten, die sich in den letzten Jahren mit dem Wunder beschäftigt haben. Zu diesem Zweck habe ich Fachleute ausgewählt, deren Publikationen vorwiegend für den Laien bestimmt sind. Daneben gibt es natürlich eine Vielzahl von Arbeiten über Wunder, die entweder in theologischen Fachzeitschriften erschienen und daher dem Nicht-Fachmann nur schwer zugänglich sind oder in einer Sprache das Problem behandeln, die nicht ohne Vorkenntnisse verständlich ist.

Dennoch wird im ersten Kapitel bereits deutlich werden, daß neben der hier vertretenen Meinung zur Wunderproblematik auch andere Auffassungen möglich sind. Die vorliegende Arbeit will andere Sichtweisen und Überzeugungen nicht ad absurdum führen. Ich halte lediglich die meisten von ihnen für ungeeignet, die berechtigten Fragen des heutigen Menschen nach dem tatsächlich Geschehenen historisch und theologisch klar zu beantworten. Wer nach der historischen Verläßlichkeit der Wunderberichte fragt, darf nicht als Rationalist abqualifiziert werden.

Die Intention dieser Arbeit besteht also darin, auf klare Fragen möglichst klar zu antworten. Dabei gehe ich mit dem Tübinger Theologen Hans Küng einig, der seine Position in der Wunderdiskussion folgendermaßen abgrenzt:

»a) Kritischen Menschen werden jene Theologen kaum eine Hilfe bieten, die vielleicht noch heute die historische Tatsächlichkeit der von Jesus berichteten Wunder zwar nicht fundamentalistisch einfach zum Glauben vorschreiben, wohl aber apologetisch in allen Einzelfällen meinen beweisen zu können: Die Zeiten, da mancher sogar den Wandel Jesu über den See als möglich meinte aufweisen zu können, dürften wohl für immer vorüber sein.

b) Kritischen Menschen werden jedoch auch jene Theologen kaum voranhelfen, die nur von Jesu Botschaft reden und von seinen Wundern schweigen: Die Wundergeschichten als Ganzes (nicht jede einzelne Wundergeschichte) gehören nun einmal zu den ältesten Elementen der Überlieferung. Unter literarkritischen Gesichtspunkten ist Jesus der Wundertäter ebenso sicher bezeugt wie Jesus der Prediger. Und man kann schließlich nicht schon die Hälfte des Markus-Evangeliums aus weltanschaulicher Voreingenommenheit eliminieren, wenn man als Historiker ernstgenommen werden will.

c) Kritischen Menschen werden schließlich auch jene Theologen wenig helfen, welche die gesamte Interpretation der Wundergeschichten darauf ausrichten, daß Jesus verschiedentlich eine Beglaubigung durch Wunder abgelehnt habe. Jesus übt nun einmal keine grundsätzliche Wunderkritik. Nicht weil Wunder überhaupt unmöglich wären, sondern weil sie verführerisch sind, hat er ein Zeichen verweigert. Nicht Wunderglauben lehnt er ab, sondern Wunderforderung und Wundersucht: nicht Wunder schlechthin, sondern Schauwunder. Auch ohne Wunderbeweis soll der Mensch Jesu Wort glauben.«[3]

Stellvertretend für alle, denen das Wunder unüberwindliche Schwierigkeiten bereitet, hier also der Versuch einer Antwort auf die Fragen: Sind Wunder passiert? – Hat Jesus Wunder gewirkt? – Sind die Wunder Gegenstand des Glaubens?

# Die biblischen Wunder – ein Überblick

Um einen ersten Überblick über unseren Untersuchungsgegenstand zu ermöglichen, soll hier zunächst eine Auswahl wunderlicher Ereignisse geboten werden, von denen die Schriften der Bibel erzählen.

Die angeführten Beispiele aus dem Alten Testament können nur eine bescheidene Auswahl sein. Die Texte sind mit einer ungeheuren Zahl von Wundern verschiedenster Art durchzogen, so daß eine systematische Übersicht nur sehr schwer möglich ist. Daher soll im folgenden nur die Spannbreite ungewöhnlicher Ereignisse angedeutet werden:

- Sara, die Frau Abrahams, bekommt trotz ihres Alters von neunzig Jahren noch einen Sohn[4];
- Mose verwandelt durch Jahwe einen Stab in eine Schlange und wieder zurück in einen Stab[5];
- Über das Land der Ägypter kommen entsetzliche Plagen: Wasser wird in Blut verwandelt; Frösche, Stechmücken, Heuschrecken und Bremsen belagern das Land; Viehseuchen treten auf und Geschwüre plagen Menschen und Tiere; schließlich veranlaßt Aaron Gewitterhagel, der alles vernichtet, und eine dreitägige Finsternis[6];
- Die Israeliten ziehen trockenen Fußes durch das Schilfmeer[7];
- In der Wüste regnet es Manna und Wachteln vom Himmel[8];
- Mose schlägt an einen Felsen, und sofort quillt Wasser heraus[9];
- Die zum Himmel gestreckten Hände des Mose bewirken den Sieg der Israeliten gegen die Amalekiter[10];
- Bileam unterhält sich mit einer Eselin[11];
- Gewaltige Steine fallen vom Himmel, und Sonne und Mond bleiben stehen, um den Israeliten den Sieg über ihre Feinde zu ermöglichen[12];
- David besiegt Goliath[13];
- Raben versorgen Elija mit Lebensmitteln[14];

- Obwohl im Gebrauch, wird ein Mehltopf nicht leer, und ein Ölkrug versiegt nicht mehr[15];
- Elija erweckt einen Mann vom Tode[16];
- Feuer fällt vom Himmel und verzehrt das Brandopfer Elijas[17];
- Elijas Wundermantel teilt das Wasser[18];
- Die wunderbare Ölvermehrung des Elischa[19];
- Elischa erweckt einen Knaben vom Tod[20];
- Die wunderbare Brotvermehrung des Elischa[21];
- Elischa heilt einen Aussätzigen[22];
- Elischa bringt versunkenes Eisen zum Schwimmen[23];
- Die Gebeine des verstorbenen Elischa machen einen Toten wieder lebendig[24];
- Der Zeiger einer Sonnenuhr geht rückwärts[25];
- Daniel bleibt in der Löwengrube unverletzt[26];
- Der ins Meer gestürzte Jona wird von einem Fisch verschlungen und drei Tage später wieder an Land gespien[27].

Im Neuen Testament begleiten Wunder die Person Jesu das ganze Leben: Seine Mutter erfährt von einem Engel des Herrn von ihrer bevorstehenden Schwangerschaft[28]; sie bleibt Jungfrau auch nach der wunderbaren Zeugung; bei der Taufe Jesu am Jordan öffnet sich der Himmel, und die Stimme Gottes erschallt[29]; auf einem Berg wird seine Gestalt verklärt, Elija und Mose erscheinen, und aus einer Wolke erfahren die Umstehenden von der Bedeutung seiner Person[30]; nach seiner Ermordung steht er von den Toten auf[31] und wird wenig später in den Himmel aufgenommen[32].

Über diese wunderbaren Ereignisse um Jesus hinaus wird eine große Anzahl von Wundertaten erzählt, die er in seinem Leben vollbracht hat:

Heilungen einzelner:
- Der Besessene von Kafarnaum[33];
- Die Schwiegermutter des Petrus[34];
- Heilung eines Aussätzigen[35];
- Heilung eines Gelähmten[36];
- Heilung einer verdorrten Hand[37];
- Der Besessene von Gerasa[38];
- Das blutflüssige Weib[39];
- Die besessene Tochter der Syrophönizierin[40];

- Heilung eines Taubstummen[41];
- Der Blinde bei Betsaida[42];
- Der epileptische Knabe[43];
- Der blinde Bartimäus[44];
- Der Hauptmann von Kafarnaum[45];
- Der stumme (und blinde) Besessene[46];
- Zwei Blinde[47];
- Ein stummer Besessener[48];
- Das gekrümmte Weib[49];
- Der wassersüchtige Mann[50];
- Heilung der zehn Aussätzigen[51];
- Das Ohr des Knechtes des Hohenpriesters[52];
- Der Sohn des königlichen Beamten[53];
- Der Gelähmte am Teich Betesda[54];
- Heilung des Blindgeborenen[55];

Heilungen vieler:
- Heilungen am Abend[56];
- Heilungen am See[57];
- Heilungen in Nazaret[58];
- Heilungen in Gennesaret[59];
- Heilungen in den Synagogen Galiläas[60];
- Heilungen in Galiläa[61];
- Heilungen vor der ersten Brotvermehrung[62];
- Heilungen auf dem Berg[63];
- Heilungen im Ostjordanland[64];
- Heilungen im Tempel[65];
- Heilungen anläßlich der Täuferfrage[66];
- Heilungen in Jerusalem[67];

Totenerweckungen:
- Tochter des Jairus[68];
- Jüngling von Nain[69];
- Auferweckung des Lazarus[70];

Naturwunder:
- Stillung des Seesturmes[71];
- Speisung der Fünftausend[72];
- Speisung der Viertausend[73];
- Wandel über den See[74];
- Verfluchung des Feigenbaumes[75];

- Wunderbarer Fischzug[76];
- Weinwunder von Kana[77].

Schließlich wirkt nicht nur Jesus selbst Wunder, sondern auch seine Apostel:

- Pfingstwunder[78];
- Petrus heilt einen Lahmen[79];
- Petrus liest Gedanken[80];
- Hananias und seine Frau finden wegen eines Betrugs augenblicklich den Tod[81];
- Alle Apostel heilen Kranke und wirken Zeichen und Wunder[82];
- Philippus heilt Kranke und treibt Dämonen aus[83];
- Petrus heilt einen Gelähmten[84];
- Petrus erweckt eine Frau vom Tode[85];
- Petrus erhält direkt aus dem Himmel zu essen[86];
- Petrus wird von einem Engel aus dem Gefängnis befreit[87];
- Paulus läßt einen Zauberer blind werden[88];
- Paulus heilt einen Gelähmten[89];
- Ein Erdbeben befreit Paulus und Silas aus dem Gefängnis[90];
- Die Getauften reden in Zungen und weissagen[91];
- Mit alten Schürzen und Schweißtüchern des Paulus werden Kranke geheilt und Dämonen ausgetrieben[92];
- Ein Dämon überwältigt jüdische Beschwörer[93];
- Paulus erweckt einen toten Jüngling[94];
- Paulus heilt einen Mann vom Fieber[95].

# I. Kapitel

»Das Wunder ist des Glaubens liebstes Kind.«
Goethe

# Wunder – Definitionsversuche der Theologie

Was ist ein Wunder? – Diese Frage stellt sich für jeden unausweichlich, der sich mit den merkwürdigen, geheimnisvollen Geschichten des Alten und Neuen Testamentes beschäftigen will. Bevor die Möglichkeit oder Unmöglichkeit dieser Phänomene untersucht werden kann, ist es daher nötig zu wissen, wovon man spricht. Nun befindet sich der Mensch des 20. Jahrhunderts in einer ausgesprochen schwierigen Situation. Wunder kommen nicht gerade häufig vor. Die wenigsten von uns haben persönliche Erfahrungen mit einem Wunder gemacht und können Auskunft darüber geben, was dies eigentlich ist.

Es scheint unmöglich, daß es gelingen könnte, in unserer Zeit, einer modernen Zivilisation, ein Wunder stattfinden zu lassen. Sollte jemand ernsthaft versuchen, baren Fußes und ohne jegliche Hilfsmittel einen See zu überqueren, so ist anzunehmen, daß er jämmerlich ertrinken wird. Das ist deshalb wahrscheinlich, weil das Gelingen eines solchen Unternehmens den Naturgesetzen widersprechen würde. Um so interessanter wird es sein, diejenigen zu hören, die von der Tatsächlichkeit wunderbarer Ereignisse überzeugt sind.

Was liegt bei der Suche nach einer Antwort auf diese unsere Frage näher, als die offiziellen Stellen zu befragen, die eine unbestreitbare Kompetenz in Sachen »Wunder« haben. Die Kirchen und ihre Theologen haben sich seit jeher mit Wundern beschäftigt; ja, das Wunder ist ein wesentlicher Bestandteil ihrer Lehre und ein viel strapaziertes Argument ihrer Verkündigung.

Beginnen wir also mit einer offiziellen Definition des Begriffs.

In einem katholischen Lexikon von 1901 können wir folgendes lesen: »Wunder ist eine sinnenfällige, außerordentliche Wirkung, welche nicht in der uns bekannten Ordnung der Natur, sondern in Gott seine Ursache hat.«[1] Relativ klar wird hier ausgesprochen, was wir in unserer kurzen Reflexion über das Wunderverständnis peinlich verschwiegen haben. Unter Zurückweisung etwaiger verstandesmäßiger Bedenken werden drei Dinge herausgestellt:

1. Es gibt Wunder!
2. Das Wunder wird als ungewöhnliches, außerordentliches, den begründenden Verstand übersteigendes Ereignis durch unsere Sinne registriert!
3. Es kommt zu einem solchen wunderbaren Ereignis, wenn Gott direkt in den Ablauf der Natur eingreift!

Ein Wunder hat also mit Gott zu tun! – das sollte als eine wichtige Voraussetzung unbedingt festgehalten werden. Gott drückt sich im Wunder aus, er artikuliert dadurch seinen Willen und weist auf sich hin. Ohne Gott keine Wunder! – könnte man sagen. (Ob dieser Satz auch umzukehren ist wie eine mathematische Gleichung, wird noch zu untersuchen sein.) Wie wichtig der göttliche Ursprung ist, wie entscheidend die übernatürliche Ursache, zeigt folgender Satz, der sich an die Definition anschließt: »Es ist klar, daß von einem Standpunkt aus, der die Leugnung des Übernatürlichen zur Voraussetzung hat, von Wundern keine Rede sein kann.«[2] Der Glaube an die Transzendenz bildet also die unaufgebbare Voraussetzung dafür, ein Ereignis als ein Wunder zu erkennen.

Inzwischen ist zu bemerken, daß dieser sogenannte »apologetische« (rechtfertigende, verteidigende) Wunderbegriff keinerlei Unterschiede macht zwischen den wunderlichen Vorgängen und Prophetien des Alten Testamentes, den Wundern Jesu und seiner Apostel im Neuen Testament und den Krankenheilungen und Erscheinungen heutzutage, etwa von Lourdes. Später wird darauf zurückzukommen sein, ob diese Indifferenz dem Problem gerecht wird.

Nach dem bisher Gesagten sind Wunder also »Zeichen Gottes«, durch die er seine Macht über die Naturgewalten und über das Leben erweist. Die Theologie zeichnet hier ein Bild von Gott, das ihn in seiner Größe und Allmacht darstellen soll. Der Herr der Welt, der Schöpfer und Erhalter des Lebens, durchbricht die Gesetzmäßigkeiten der Natur, um damit den Menschen zu zeigen, daß er unter kein Gesetz zu zwingen ist und alles Geschaffene von ihm abhängt.

Etwas wissenschaftlicher klingt diese Argumentation folgendermaßen: »Wunder sind innerweltlich nachweisbare Phänomene, deren Ablauf sich natürlicherweise nicht erklären läßt und infolgedessen eine übernatürliche Kausalität voraussetzt.«[3]

Wenn mit solcher Eindeutigkeit gesprochen wird, drängt sich dem aufmerksamen Zuhörer der Verdacht auf, es handle sich hier um einen indirekten Gottesbeweis. Aufgrund »innerweltlich nachweisbarer« Ereignisse kann anscheinend auf die Existenz Gottes geschlossen werden. – Wir wollen jedoch eine solche Absicht nicht voreilig unterstellen.

Folgen wir weiter dem Gedankengang unseres Lexikons. Gott wirkt, soviel steht fest, in unregelmäßigen Abständen Wunder. Er läßt den Menschen das Wunder als von ihm gewirkt erkennen und benutzt es, um seine göttliche Macht zu erweisen.

So weit, so gut! – Aber, so könnte man fragen, wie kommt es, daß Gott gerade zu solchen Mitteln greift, um sich darzustellen? Sein Verhalten bleibt unverständlich. Warum stört er die (doch von ihm selbst geschaffene) Gesetzmäßigkeit der Natur?

Auf diese Fragen antworten die christlichen Apologeten folgendermaßen: »Die Wunder verstehen sich als göttliche Zeugnisse zur Begründung und Bekräftigung des Glaubens an die Offenbarung der Wahrheiten und Satzungen des Herrn.« – Der Mensch wird »durch die äußeren, sinnenfälligen Wirkungen zur Erkenntnis der verbergenden Ursachen und der göttlichen Offenbarung geleitet.«[4]

Man muß zugeben, daß diese Auskünfte nicht gerade befriedigen. Es bleiben viele Fragen offen. So ist es z. B. wenig klar, ob Gott überhaupt Wunder wirken kann. Widerspricht er sich nicht eigentlich, wenn er Wunder wirkt? Es heißt im ersten Schöpfungsbericht: »Und Gott sah alles, was er gemacht hatte, und siehe, es war sehr gut.«[5] In seinen Wundern durchbricht er aber das, was er gemacht hat, er verändert es oder setzt es zeitweise außer Kraft. – Ein Gott, der sich widerspricht? Ein Gott, der kurzzeitig sein göttliches, vollkommenes Werk revidiert?

Auch die letzten Zweifel, die bezüglich der Wunder auftauchen, weiß die Theologie zu zerstreuen und gegenstandslos zu machen. Der denkende und rational argumentierende Verstand, der Möglichkeit und Wesen des Wunders zu erkennen sucht, wird auf seine Grenzen aufmerksam gemacht und in der Wunderfrage als gänzlich inkompetent bezeichnet. Es heißt: »Die Frage selbst, ob Gott Wunder wirken kann, ist nicht nur absurd, sondern gottlos ...« – Es besteht nicht der geringste Zweifel an der Möglichkeit von Wundern, »weil Gottes Allmacht und freier Wille unbeschränkt sind und Gottes unendliche Weisheit das von ihm Geschaffene zu höheren Zwecken verwenden kann, ohne mit sich selbst und mit der Schöpfung in Widerspruch zu kommen«[6].

Noch schärfer argumentiert ein Konversationslexikon aus dem Jahre 1954: »Wenn Gott nicht einmal Herr der Naturgesetze ist, die er doch selber mit den Dingen geschaffen hat, wenn er nicht ändern kann, was er aus dem Nichts hervorrief, dann ist er eben nicht deren Schöpfer.«[7]

Etwas verwirrt und eigentlich noch unzufriedener als vorher mag man sich nun von den Wundern abwenden. War man ausgezogen, die Schriften der Bibel auf ihre Verbindlichkeit hin zu untersuchen, so muß man nach den bisherigen Antworten feststellen, daß es wohl ein recht aussichtsloses und zudem noch »gottloses« Unterfangen ist, aus theologischen Konstruktionen eine klare Antwort auf eine klare Frage zu bekommen. Eine dogmatische Aussage, die ihrerseits keines weiteren Beweises mehr bedarf, wird allzu rasch formuliert.

Aber geben wir es noch nicht auf! Versuchen wir unser Glück bei Fachleuten, von denen wir annehmen können, daß sie unsere Fragen ernst nehmen, und von denen wir erwarten können, daß ihnen unsere Probleme vertraut sind.

Ein Mann, der berufsmäßig mit unserem Thema befaßt ist, kann uns vielleicht weiterhelfen. Der Theologieprofessor Dr. Heimo Dolch erklärt uns seine Deutung des Phänomens »Wunder« folgendermaßen[8]:

In der uns umgebenden Welt sind zwei Ordnungen verwirklicht. Die eine ist die Schöpfungsordnung, die alle wahrnehmbaren Dinge umfaßt. Sie besteht aus allem was ist; aus dem, was wir mit unseren Sinnen klar erkennen können.

Die andere ist die »Ordnung der Gnade«. Sie ist der uns noch verborgene Sinn dieser Welt und dieses Lebens. Sie ist das, was Gott letztlich mit uns und dieser Welt vorhat. Sie ist die Ordnung, die unsere gegenständliche Welt in die göttliche Vollendung sich verändern läßt.

Diese beiden Ordnungen existieren nun nicht zusammenhanglos nebeneinander, sondern sie sind auf geheimnisvolle Weise aufeinander zugeordnet. Gott teilt uns, die wir in der von ihm geschaffenen gegenständlichen Welt leben, seinen Plan mit. Er zeigt uns sehr massiv den Weg auf das letzte Ziel hin, auf die Vollendung der Welt.

Dies geschieht, nach Dolch, eben in Visionen, Prophetien, Wundern und am deutlichsten in der Menschwerdung seines Sohnes. Die Wunder, die uns hier interessieren, sind also Zeichen Gottes. Aber gerade im Zusammenhang mit den Schriften der Bibel sind sie noch etwas anderes. Sie dienen denen, die im Auftrage Gottes Glaubenswahrheiten verkünden, gewissermaßen als Bestätigung und als Legitimation ihrer Vollmacht.

Es ist klar, daß bei einer solch wichtigen Funktion eine präzise Definition des Wunders nötig ist. Ein Zeichen, das auf den Willen Gottes hinweisen soll, muß ganz besondere, charakteristische Züge tragen. Nach Dolch sind dies drei wesentliche Merkmale:

1. Es muß sich um ein »tatsächliches Geschehen« handeln! Wie jedes historische Ereignis, so muß auch ein Wunder wissenschaftlich exakt feststellbar sein.
2. Ein Wunder muß sich »außerhalb der Naturgesetzlichkeit« ereignen! Die Außergewöhnlichkeit eines Geschehens kann nicht erkannt werden, wenn es sich innerhalb der bekannten Naturgesetze manifestiert.
3. Das Wunder muß »von Gott unmittelbar gewirkt« sein! Obwohl Gott als Ursache eines Ereignisses sicherlich nicht immer leicht zu erkennen ist, darf nicht behauptet werden, daß eine unmittelbar göttliche Wirkursache ausgeschlossen sei.

Nun kommt es aber ganz entschieden darauf an, wer letztlich befugt und in der Lage ist, festzustellen, wann ein Wunder vorliegt. Wer also sagt uns, ob wir es im jeweiligen Fall mit einem Zeichen Gottes zu tun haben oder nicht?

Für Dolch ist es ganz klar, »daß sich die Kirche das letzte und entscheidende Urteil über die Wunder vorbehält, nicht weil sie sich – menschlich gesprochen – klüger dünkt als alle Wissenschaftler, sondern weil sie sich in ihrer Lehre, Glauben und Sitte betreffend, durch den Beistand des Heiligen Geistes vor jedem Irrtum bewahrt wissen darf«[9].

Im Laufe unserer Untersuchung werden wir noch auf diese Argumentation zurückkommen, wenn wir uns nach Stellungnahmen in der Geschichte umschauen. Es wird daher gut sein, diese Erklärung zunächst einmal kommentarlos stehenzulassen und nach weiteren Auskünften zu suchen.

Da bietet uns der Theologe Helmut Meissner in seinem Buch »Christenglaube« (mit dem hoffnungsvollen Untertitel: Neubegründung aus der heutigen Theologie) eine Lösung unseres Problems an[10].

Auch für ihn sind die Wunder Zeichen, die auf das Reich Gottes hinweisen. Er ist sich darüber im klaren, daß der heutige Mensch erhebliche Schwierigkeiten mit dem Wunderglauben hat und am liebsten diese unglaublichen Geschichten aus den Texten der Bibel entfernt sehen würde. Aber er verweist auf den Text!

Rein textkritisch, so sagt er, könne es nicht erlaubt sein, die Wundererzählungen aus den Schriften zu entfernen, da Worte, die der historische Jesus sicher gesprochen haben muß (die Theologen streiten sich, ob einzelne Worte von Jesus tatsächlich gesprochen wurden oder ihm nachträglich in den Mund gelegt worden sind), eindeutig auf wunderbare Vorgänge Bezug nehmen.

So kommen einmal Freunde des Johannes zu Jesus und fragen ihn: »Bist du der Kommende, oder sollen wir auf einen anderen warten?« Darauf antwortet Jesus folgendes: »Geht hin und berichtet dem Johannes, was ihr hört und seht: Blinde sehen, Lahme gehen, Aussätzige werden rein, Taube hören, Tote werden auferweckt, und den Armen wird frohe Botschaft verkündet. Und selig, wer an mir nicht Anstoß nimmt.«[11]

Die Tatsache also, daß Jesus selbst über seine Wunder spricht und auf sie verweist, zeigt nach Meissner, daß sie nicht als Legenden später eingefügt oder frei erfunden sein können.

Für ihn sind Wunder also tatsächlich geschehen, so wie sie beschrieben werden. Auch daß sie direkt von Gott gewirkt wurden, ist klar, da die Berichte der Evangelien weit mehr rätselhaft wären, wenn hinter den Zeichen und Wundern keine überirdische Macht stünde.

Diesem Hinweis (der allerdings noch auf seine Tauglichkeit hin untersucht werden müßte) folgt dann aber unmittelbar eine eindeutige Bemerkung, die weitere Fragen schroff abblockt: »Verkehrt ist, zu behaupten, es habe niemals Wunder gegeben, weil wir sie in unserem heutigen Leben kaum beobachten. Außergewöhnliche unmittelbare Eingriffe entsprechen nicht der durchgängigen Art des Wirkens Gottes. Wenn Jesus Wunder vollbringt, liegt bei ihm eine einmalige Situation vor, in der die sonstige göttliche Zurückhaltung durchbrochen wird.«[12]

Für Meissner ist damit die Frage nach dem Wunder beinahe

schon beantwortet. Nachdem er anfangs das Wunder als Machttat bezeichnet hat, in der das Reich Gottes bemerkbar wird, beendet er die Diskussion mit dem Satz: »Gott wirkt in der Regel ohne Wunder, spart mit außerordentlichen Eingriffen von seiner Seite aus.«[13]

Man sage nicht, man habe nichts über das Wunder erfahren, weiß man doch jetzt zumindest, daß auch manche Theologen nicht zu überzeugen wissen.

Ganz entschieden und, wie es scheint, mit allen Mitteln treten sie für die Möglichkeit und für die historische Tatsächlichkeit der Wunder ein. Da sie selbst oft keine Erklärung für das Phänomen finden können, wenden sie sich gegen jeden Versuch einer kritischen Überprüfung des bisherigen Wunderverständnisses. Sie werden dabei von der Furcht gedrängt, durch übermäßige Kritik könnte die Offenbarung verkürzt und ihrer Wahrheit beraubt werden.

Der Theologe Franz Mußner, Professor für »Neues Testament«, warnt ebenfalls davor, den Wundererzählungen einen sekundären Platz in der Offenbarung zuzuweisen[14]. Im Gegensatz zu manchen seiner Kollegen versucht er aber, ernsthafte Belege für die von ihm behauptete Historizität der Wunder zusammenzutragen.

Nach genauem Studium der Texte, so wie des Alten als auch des Neuen Testamentes, stellt er fest, daß es dem durchgehenden Verständnis aller biblischen Schriftsteller widerspräche, Gottes Heilshandeln auf seine Worte zu beschränken.

Von Anfang an sind Worte und Handeln Gottes ineinander verwoben. Bereits im ersten Buch des Alten Testamentes (der Genesis) erkennen wir gleich zu Anfang im ersten Schöpfungsbericht eine Aufteilung des Heilshandelns Gottes in »Gott sprach« und »Gott schuf«[15].

An jedem der sechs Schöpfungstage ist so von Gottes Worten und von seinem aktiven Tun die Rede. Eine solche Einheit von »Wortschöpfung« und »Tatschöpfung« ist charakteristisch für das biblische Verständnis von Gottes Handeln in der Geschichte.

Seine Worte begleiten das »auserwählte Volk« in Ägypten, während seiner Flucht vor dem Pharao und bei der Landnahme im verheißenen Land, »wo Milch und Honig fließt«.

Gottes Taten lassen Israel in der Wüste überleben und trotz zahlreicher Feinde zu einem starken Volk werden.

Dabei stellt Mußner heraus, daß die gesamte Geschichte des Volkes Israel als von Gott gelenkt und gestaltet verstanden wird. Alles, was auf der Welt geschieht, hat seine Ursache und seinen Sinn in Gott. Sei es der Ablauf der Natur oder das Schicksal eines Menschen – Gott ist der Initiator, der es so will und so sein läßt.

Von daher wird sein Handeln als wunderbar, als Zeichen und Wunder, verstanden. Wenn also einzelne Wundergeschichten erzählt werden, dient dies dem Zweck, Gottes Macht und Allgegenwart immer wieder von neuem bewußtzumachen.

Auf diesem Hintergrund will Mußner auch die Wunder im Neuen Testament gesehen wissen. Auch hier stehen die Wunder nicht isoliert da, sondern im Zusammenhang mit Worten Jesu.

So verkündet Jesus einmal: »Die Zeit ist erfüllt und das Reich Gottes ist nahegekommen. Kehret um und glaubt an die Heilsbotschaft.«[16] Kurz danach wird von der Heilung eines Besessenen berichtet[17].

Mußner sieht darin eine Bestätigung der vorhergehenden Ankündigung des Reiches Gottes.

Der »Wortoffenbarung« folgt die »Tatoffenbarung«!

Ein weiterer Beleg für die historische Zuverlässigkeit der Wundererzählungen scheint noch eindeutiger. Wenn die Bibel von Wundertaten Jesu berichtet, so kann es sein, daß sie diese übernatürlichen Leistungen nur darum erwähnt, um die Größe und Göttlichkeit dieses Jesus zu »beweisen«. Aus dieser Absicht heraus könnte ihr auch jedes Mittel recht sein. Könnte sie dann nicht auch die Wunder erfunden haben? – Aber Mußner hält folgendes dagegen: Die Bibel kann die Wunder erfunden haben, um Jesu Vollmacht anschaulich darzustellen; wenn aber selbst ausgesprochene Gegner Jesu, nämlich die Juden, von seinen Wundern berichten, so ist dies ein Beweis für die historische Glaubwürdigkeit. Denn gerade ihnen würde es sicher nicht einfallen, durch solche Erzählungen die Göttlichkeit dieses Jesus von Nazaret zu beweisen.

Im Babylonischen Talmud ist über Jesus folgendes zu lesen: »Es ist überliefert: Am Rüsttage des Passa hat man Jesus von Nazaret gehängt. Ein Ausrufer ging 40 Tage vor ihm her (und rief aus): Er soll gesteinigt werden, weil er gezaubert und verführt und Israel abwendig gemacht hat. Jeder, der für ihn eine

Rechtfertigung weiß, komme und begründe sie für ihn. Aber man fand keine Rechtfertigung, und so hängte man ihn am Rüsttage des Passa.«[18]

Aus diesem Bericht geht eindeutig hervor, daß Jesus gezaubert hat. Aufgrund der Tatsache, daß es sich dabei um einen außerbiblischen Bericht handelt, der mit Sicherheit andere Interessen verfolgt als die Schriften des Neuen Testamentes, nimmt Mußner an, daß sich daraus eindeutig ein Beweis für die Geschichtlichkeit der Wunder Jesu ergibt.

Und überhaupt: »Wer Jesus für den hält, als den ihn die Evangelien mit der Urkirche verkünden, als den im Fleische erschienenen Erlöser und Sohn Gottes, zweifelt an dieser Behauptung nicht, jedenfalls nicht grundsätzlich. Die historische Frage in diesem Sinn ist also zunächst eine Sache der christologischen Glaubensentscheidung.«[19]

Für Mußner steht also fest: »Ohne die Wunder ist Jesus nicht der Christus.«[20]

Soweit der Fachexeget. Der kurze Abriß seiner Argumentation mag genügen, um einen Einblick in seine Arbeitsweise zu erhalten. Er zeigt uns, daß es nicht ohne weiteres erlaubt ist, die Wundergeschichten aus den Schriften der Bibel zu entfernen. Über das Wesen des Wunders und über die Möglichkeit wunderbarer Ereignisse haben wir allerdings wenig erfahren.

Wenden wir uns deshalb zum Schluß unserer Expertenbefragung an die Katholische Glaubens-Information (KGI) in Frankfurt[21], die in Form von Lehrbriefen und Büchern jedem einen Zugang zum Glauben aufzeigen will. Dieselben Fragen seien auch hier gestellt: Was ist ein Wunder? – und: Sind Wunder überhaupt möglich?

Ausgehend von den Schriften des Neuen Testamentes sind für die KGI die Wunder Beweise der Glaubwürdigkeit Jesu. Sie legitimieren ihn als den wahren Sohn Gottes.

Die anfangs genannten offiziellen Definitionen werden aufgenommen, denen zufolge Gott selbst die Bedingung der Möglichkeit des Wunders darstellt. »Daß so etwas möglich ist, leuchtet jedem ein, der Gottes Souveränität über die von ihm selbst geschaffenen Naturgesetze anerkennt und ihn nicht herabwürdigt zum Sklaven der Natur.«[22]

Die grenzenlose Macht Gottes läßt ihn Wunder vollbringen, die der Mensch auch als solche erkennen kann. Immer dann, wenn ein Ereignis nicht auf natürliche Weise erklärt werden kann, handelt es sich eindeutig um ein Wunder. Auch der berühmte Zufall wird zum bewußten Eingriff Gottes. Ein Wunder liegt auch dann vor, wenn an einem bestimmten Ort, zu einer bestimmten Zeit ein merkwürdiges Zusammentreffen verschiedener Naturkräfte zu einem nicht vorhersagbaren Ereignis führt. Der Grund für diese Annahme liegt in der Offenbarung selbst. In den Wunderberichten wird faszinierend beschrieben, wie die Wunderheilungen Jesu lediglich »auf sein Wort hin« geschahen, ohne jegliche medizinische Manipulation. Oft brauchten sie nicht einmal die Gegenwart des Kranken, sondern wurden aus der Distanz gewirkt.

Im übrigen hieße es die Einheit zwischen den von den Evangelisten geschilderten Worten und Taten Jesu zerstören, wollte man Jesus selbst als einen Zauberkünstler bezeichnen, seine Wunder als Legende abtun oder die Berichte als von den Evangelisten erfunden und später eingesetzt betrachten.

»Was übrig bliebe, hätte keinen Sinn mehr und würde unverständlich.«[23]

Diese Erklärungen sind uns inzwischen schon geläufig, und so mag es nicht überraschen, wenn Ferdinand Krenzer, der Leiter der Katholischen Glaubens-Information, in seinem Buch Theologen zu Wort kommen läßt, die in einfacher Wiederholung des Überkommenen bereits eine Neuformulierung des Christlichen sehen. Walter Kropp, der die Wunderfrage behandelt hat, schließt dann auch sehr apodiktisch: »So peinlich es auch dem Hörer und Leser sein mag, es sind Tatsachen, mit denen er rechnen muß.« ... »Und wenn nun Jesus gleichsam aus dem Handgelenk, mühelos, nicht in der Weise eines sonstigen Wundertäters, also nur stellvertretend für Gott, sondern in eigener Machtfülle solche Taten setzt, dann bleibt nur das Nicht-Sehen-und-Hören-Wollen oder aber die Unterwerfung des Glaubens.«[24]

Hiermit wollen wir die Befragung der Fachleute zunächst abschließen. So unterschiedlich die einzelnen Argumentationswege auch sind, sie alle haben mit den biblischen Schriftstellern eines gemeinsam: Die Möglichkeit des direkten Eingreifens Gottes in die Natur und die menschliche Geschichte wird grundsätzlich bejaht.

Dennoch ist wohl aufgefallen, daß zwar die in der Bibel berichteten Wunder als tatsächlich geschehen angesehen werden, aber im Bezug auf Wunder heute erhebliche Zurückhaltung geübt wird. Für die Kirche ist die für alle verbindliche Offenbarung Gottes mit den Aposteln abgeschlossen. Dennoch sieht sie sich immer wieder mit sogenannten »Privatoffenbarungen« einzelner Menschen konfrontiert.

Insbesondere durch die Marienverehrung empfängt der Wunderglaube stetig neuen Auftrieb. So ist mehrfach bezeugt, daß Maria 1858 in Lourdes (Frankreich) dem Hirtenmädchen Bernadette erschien. 1917 hatten in Fatima (Portugal) drei Bauernkinder eine Begegnung mit der Gottesmutter. In neuester Zeit wird von Muttergottes-Erscheinungen in Heroldsbach (Bayern) berichtet. Krankenheilungen in Lourdes sind beinahe an der Tagesordnung.

Wie steht es mit der Tatsächlichkeit dieser Wunder?

Die Kirche ist mit einem Urteil über solche Phänomene immer sehr vorsichtig. Lang andauernde Untersuchungen prüfen die Echtheit und Zuverlässigkeit solcher Wunder. Teilweise geht die Kirche sogar mit dem Bann gegen den Mißbrauch um die Erscheinungen vor. Nur wenn ein Ereignis nicht mit natürlichen Mitteln erklärt werden kann, darf offiziell von einem Wunder gesprochen werden.

Jeder Fall wird von wissenschaftlichen Kommissionen, denen eine Anzahl von Ärzten und Psychologen angehört, eingehend geprüft. In Lourdes beispielsweise, wo jährlich einige hundert Heilungen registriert werden, erkennt die Kirche nur etwa zwei bis drei (pro Jahr) »als mit natürlichen Mitteln nicht erklärbar« an.

Hier wird ansatzweise deutlich, daß zwischen den Wundern des Alten und Neuen Testamentes und den Wundern der Gegenwart ein Unterschied angenommen wird. Die Wirklichkeit der biblischen Wunder ist durch die Autorität der Evangelisten und durch Jesus selbst gewährleistet. Heute dagegen sieht sich die Kirche der Schwierigkeit gegenüber – in Ermangelung einer »selbstverständlichen« Legitimation –, durch komplizierte und oft undurchsichtige Verfahren die Wirklichkeit heutiger Wunder zu beweisen.

## Wunderverständnis in der christlichen Tradition oder Was man zu allen Zeiten mit dem Wunder anzufangen wußte

Alles, was wir bis jetzt über das Wunder, über seine Möglichkeit oder Unmöglichkeit erfahren haben, vermag unsere eingangs gestellten Fragen nicht zu beantworten. Unsere Vernunft wehrt sich einfach gegen theologische Argumentationen, die gleichsam von einer anderen Warte her das Problem angehen.

Gewiß, wir dürfen nicht verbohrt sein und nur solche Antworten akzeptieren, die uns gefällig erscheinen, unser Unbehagen zu bestätigen. Aber sicherlich dürfen wir verlangen, daß klarer geredet und »menschlicher« argumentiert wird.

Versuchen wir deshalb, quasi auf eigene Faust, einen Weg durch die Geschichte, um zu erfahren, was zu den verschiedensten Zeiten über die Wunder gedacht und gesagt worden ist.

Die folgende Untersuchung ist natürlich nicht geeignet, Anspruch auf Vollständigkeit zu erheben. Aber sie kann dadurch, daß sie einzelne Meinungen in der Geschichte kurz vorstellt, einen Überblick verschaffen und unser heutiges Fragen in seiner Berechtigung unterstützen.

### Anfangsschwierigkeiten

In der Welt des Alten und Neuen Testamentes hätte man über unsere Fragen nur verständnislos den Kopf geschüttelt. Daß Wunder möglich sind, daß Gott direkt in das Leben eingreift, direkt das Geschick der Menschen lenkt, das war das Selbstverständlichste von der Welt. Wie später noch darzustellen sein wird, gab es eine Wunderfrage in unserem Sinne nicht. Die damaligen Menschen waren davon überzeugt, daß nicht nur Gott, sondern auch der Satan und seine dämonischen Engel und die Götzen anderer Völker Wunder vollbringen. In einer wissenschaftlich noch nicht durchforsteten Welt wimmelte es nur so von wunderbaren Ereignissen.

Die einzige Mühe, die die Israeliten und die späteren christlichen Theologen aufwandten, war, zu unterscheiden zwischen

Wundern, die der Gott Jahwe wirkte, und denen, die von Dämonen und Götzen anderer, meist feindlicher Völker gewirkt wurden. Es galt also lediglich, die Wundertaten des einen wahren Gottes als letztlich überlegen herauszustellen.

So brauchten die ersten Prediger in der Urkirche keine Zeit darauf zu verwenden, die Möglichkeit und Tatsächlichkeit eines Wunders großartig zu beweisen; sie konnten vielmehr gleich dazu übergehen, den tieferen Sinn einer Erzählung herauszuarbeiten und den theologischen Gehalt freizulegen.

Gab es in der alten Kirche noch keine ernsthaften Einwände gegen das Wunder, so begann im Laufe der Zeit eine erste Kritik laut zu werden, als die christliche Botschaft in einen anderen Kulturraum eindrang. Die fremde Geisteswelt der griechischen Antike stellte für die christlichen Theologen eine ernsthafte Belastungsprobe dar.

In Griechenland gab es zur damaligen Zeit bereits erste Anfänge einer Naturwissenschaft. Die uns bekannten großen griechischen Philosophen, die so etwas wie »Allround-Wissenschaftler« waren, hatten begonnen, die Natur sehr genau zu beobachten. Erste Gesetzmäßigkeiten im Naturablauf wurden festgestellt. Man erfuhr die Natur immer mehr als ein geordnetes Ganzes. Der göttliche Kosmos verdrängte mehr und mehr das Chaos.

In Israel gab es eine solche Sicht der Natur, der Geschichte und des Lebens nicht. Die israelitische und auch die christliche Geschichtserfahrung war die Erfahrung einmaliger, willkürlich gesetzter und im Grunde nicht ableitbarer Ereignisse.

Waren (in unserem Sinne) »übernatürliche« Geschehnisse für sie keinesfalls etwas Außergewöhnliches, da diesem Verständnis entsprechend ja alles und jedes nicht einer natürlichen Gesetzmäßigkeit entsprang, sondern jedesmal unmittelbar von Gott einmalig gewirkt wurde, so erschienen den Griechen diese »Wunder« als scheußliche Unregelmäßigkeiten im sonst so geordneten Kosmos.

Der biblische Gott zerbrach in barbarischer Weise die wunderbare Harmonie der Natur.

Es wird verständlich, daß plötzlich die biblischen Wunderberichte nicht mehr so selbstverständlich hingenommen wurden. Die christlichen Theologen, die mit der griechischen Denkweise vertraut waren, mußten sich etwas einfallen lassen. Sie sahen sich vor die schwierige Aufgabe gestellt, ihren Wunderglauben vor der Vernunft zu rechtfertigen. Ihre Mission konnte sich nicht länger in einfacher Verkündigung erschöpfen, sondern mußte sich ebenso mit bisher fremden philosophischen Spekulationen beschäftigen.

Ja, es mußte gelingen, den Glauben an Wunder und vernünftiges Denken in Einklang zu bringen. (Leider mußten wir bisher feststellen, daß dieses Problem an vielen Stellen immer noch zu lösen aufgegeben ist.) Die Verbreitung des christlichen Glaubens hing davon ab, ob es gelingen würde, das Gedankengut der Heiligen Schriften einem völlig anders entwickelten Kulturraum verständlich zu machen und auch für ihn die Botschaft Christi zu aktualisieren.

## Augustinus

Der erste christliche Theologe, der sich ausführlich mit dem Problem um die Wunder auseinandersetzte, ist Augustinus (354 bis 430). Er gilt als der große Lehrer der alten Kirche. Durch zahlreiche Schriften entwickelte er sich zum geistigen Führer des abendländischen Christentums. Von den Schriften über die Wunder, die dieser afrikanische Bischof verfaßte, zehren fast alle späteren Äußerungen. Bis hin zu Luther finden sich ständig Verweise auf seine Werke. Kaum ein Gedanke, der nicht schon bei ihm angeklungen ist.

Augustinus bemüht sich, den Widerspruch zwischen Wunder und Natur aufzulösen. Er hält den Kritikern entgegen, daß ja schließlich die Erschaffung und ständige Erhaltung der Natur ebenso Werk Gottes ist wie auch die wunderbaren Eingriffe in die uns umgebende Wirklichkeit. Man kann also nicht das eine für möglich halten und gleichzeitig das andere leugnen.

»Alle Wunder nämlich wären, nach dem Sprachgebrauch, gegen die Natur; sie sind es freilich in Wirklichkeit nicht. Unmöglich kann ja etwas gegen die Natur sein, was sich durch den Willen Gottes zuträgt; ist doch eben der Wille dieses erhabenen Schöpfers die Natur eines jeden geschaffenen Dinges. Das Wunder trägt sich also zu im Widerspruch nicht zur Natur, sondern lediglich zu unserer Naturerfahrung.«[25]

Der eigentliche Widerspruch, den das Wunder hervorruft, liegt also in der begrenzten Erkenntnisfähigkeit des Menschen begründet und nicht, wie bisher angenommen, in seiner Unvereinbarkeit mit der Natur.

Der Mensch, so mahnt Augustinus, darf nicht so vermessen

sein, zu behaupten, er kenne die Natur. Nur ein kleiner Ausschnitt aus der Gesamtheit der Naturdinge ist uns überhaupt bekannt.

Gewiß, wir entdecken Gesetzmäßigkeiten im Naturablauf, und aufgrund dieser Erkenntnisse können wir uns immer mehr die Natur und die Elemente dienstbar machen. Aber sind wir nicht ebenso immer wieder überrascht über unzählige Ereignisse, deren Ursache und Grund wir nicht verstehen? Gibt uns nicht in jedem Frühling das wunderbare Erwachen der Pflanzenwelt Anlaß zum Staunen? Wer wollte schon so vermessen sein, den Grund für das Entstehen und Vergehen, für das ewige Absterben und erneute Aufleben der gesamten Natur anzugeben?

Nicht nur, daß uns größtenteils die Ursachen der Ereignisse unbekannt sind, auch und vor allem das Ziel, auf das alles sich hinbewegt, ist für den Menschen unfaßbar. Aus diesen Gründen ist es also gar nicht so ungewöhnlich, daß wir die Ursachen vieler Ereignisse, die wir Wunder nennen, nicht kennen. (Ironisierend fügt Augustinus hinzu, daß man ja schließlich ebensowenig zu begründen wisse, warum die Feigen so überaus kleine Samenkörner haben[26].)

Gott handelt eben, das ist für Augustinus sehr entscheidend, auf zweierlei Weise:

Einmal fortwährend durch die immanenten Gesetzmäßigkeiten der Natur und zum anderen in unregelmäßigen Abständen durch »übernatürliche« Direkteingriffe.

Vieles geschieht, was dem Menschen unerklärlich ist und dessen Sinn er nicht versteht. Augustinus stellt sich vor, daß Gott in die Elemente geheime Samen gelegt hat, die noch entwickelt werden.

Einiges davon ist bereits aufgegangen und dem Menschen bekannt. Nun aber lediglich diesen, dem Menschen bekannten Teil der Natur »natürlich« zu nennen, ist eben eine ungeheure Verkürzung. Augustinus ist überzeugt, daß die Welt gewissermaßen schwanger ist von den Ursachen noch ungewordener Dinge[27]. Diese unentwickelten, noch unbekannten Dinge werden dann bei ihrer Entfaltung als Wunder angesehen, weil sie den Menschen überraschen, da er sie mit seinem Verstand noch nicht registrieren konnte. Das heißt aber eben noch lange nicht, daß sie nicht auch natürliche Ursachen haben.

Darüber hinaus hat Gott verborgene Ursachen gewisser Vorgänge in sich selbst, die er nicht in die geschaffenen Dinge hineingelegt hat. Diese läßt er in Wirksamkeit treten, wie und wann er will.

Von diesen Aktivitäten Gottes läßt Augustinus gelten, daß sie gegen die Natur geschehen bzw. über sie hinaus. Aber eben nur gegen die »uns bekannte Natur«!

Im Grunde tut Gott nichts gegen die Natur, denn das, was er wirkt, ist natürlich. Gott kann Dinge tun, die dem Menschen momentan unerklärlich sind, die er nicht versteht, die über das bisher Bekannte hinausgehen und deren Sinn erst später durchscheint. Die Gesamtkonzeption der Welt ist eben nur Gott bekannt, der sie geschaffen hat und erhält. Von daher ist alles, was er tut, auch das für uns Außerordentliche, natürlich, also innerhalb der Natur.

Augustinus läßt keinen Zweifel daran, daß alle Wunder genauso geschehen sind, wie sie in den Heiligen Schriften erzählt werden. Wieso? – Nun, das entscheidende Argument liefert doch das durch vernünftiges Nachdenken zu erkennende göttliche Attribut der »Allmächtigkeit«!

Um den durch den menschlichen Verstand entdeckten Widerspruch aufzuheben, bemüht er sich, die Wunder möglichst naturähnlich erscheinen zu lassen und andererseits die Naturdinge möglichst wunderähnlich. Hören wir seine Stellungnahme zu dem bekannten Wunder zu Kana (Jesus hat damals – nach dem Bericht – auf einer Hochzeit mehrere hundert Liter Wasser in Wein verwandelt):

»Das Wunder unseres Herrn Jesus Christus, wodurch er aus Wasser Wein machte, ist für jene nicht erstaunlich, welche wissen, daß Gott es wirkte. Der nämlich machte an jenem Tage bei der Hochzeit den Wein in sechs Krügen, die er mit Wasser zu füllen befahl, der dies jedes Jahr in den Weinstöcken tut. Denn wie das, was die Diener in die Krüge gossen, in Wein verwandelt wurde durch das Tun des Herrn, so wird auch, was die Wolken ausgießen, in Wein verwandelt durch das Tun desselben Herrn.

Darüber wundern wir uns nicht, weil es alljährlich geschieht; durch die stete Wiederholung ist es nicht mehr auffallend. Denn es findet auch eine vielseitigere Aufmerksamkeit als das, was in den Krügen aus dem Wasser geworden ist.«[28]

In dieser beinahe genialen Konstruktion definiert Augustinus das Wunder also als einen »beschleunigten Naturprozeß«. Er nimmt dem Ereignis das Wunderbare, das Unnatürliche und lenkt die Aufmerksamkeit hin zu den Wundern der Natur, die jeder jederzeit beobachten kann. In gleicher Weise kommentiert er das Wunder der Brotvermehrung.

Bliebe eigentlich nur noch zu fragen, warum Gott solche merkwürdigen Taten vollbringt.

Auch das ist für Augustinus völlig klar: »Allein weil die Menschen, auf anderes bedacht, die Aufmerksamkeit auf die Werke Gottes verloren haben, in der sie täglich den Schöpfer preisen sollten, so hat sich Gott vorbehalten, gewisse außerordentliche Dinge zu tun, um die gleichsam schlafenden Menschen zu seiner Verehrung in auffallender Weise zu regen.«[29]

Für die ganz Hartnäckigen unter den kritischen Geistern ist aber die Widersprüchlichkeit der Wunder immer noch nicht aufgehoben. Die »Vollkommenheit« Gottes scheint sich mit seinen eigenartigen Aktivitäten nicht zu vertragen. Immer neue Fragen brechen auf: Wenn Gott neben seiner Schöpfung noch wunderbare Direkteingriffe für nötig hält, um den Menschen seine Größe zu zeigen, ist er dann nicht eigentlich unzufrieden mit seinem eigenen Werk?

Wenn Gott, wie Augustinus sagt, sich selbst nicht widersprechen kann, dann sind auch Wunder, die etwas von ihm Geschaffenes durchbrechen oder ins Gegenteil verkehren, unmöglich!

Jetzt wird Augustinus energisch!

Nicht die menschlichen Begriffe von Möglichkeit oder Unmöglichkeit rechtfertigen die Wunder, sondern allein Gottes Allwissenheit und Allmächtigkeit. Der begrenzte Horizont menschlicher Vernunft vermag eben nicht der grenzenlosen Weisheit Gottes Vorhaltungen zu machen. Wie wenig menschliche Kategorien auf Gott übertragen werden können, soll folgendes Beispiel deutlich machen:

»Das Land Sodom war jedenfalls ehedem nicht so, wie es jetzt ist, sondern sah aus wie die anderen Länder und erfreute sich der gleichen oder einer noch größeren Fruchtbarkeit; wird es doch mit dem Gottesparadies verglichen in den göttlichen Aussprüchen (Gen 13, 10).

Nachdem es aber vom Himmel her getroffen worden ist, flößt es, wie auch die weltliche Geschichte bezeugt und wie es sich bis zur Stunde den Blicken der diese Stätten besuchenden Reisenden darbietet, durch ein seltsam brandiges Aussehen Entsetzen ein, und die Obstfrüchte des Landes umschließen unter täuschender Hülle der Reife inwendig Asche.

Was wollt ihr also? – Das Land war ehedem nicht so und jetzt ist es so.

Was wollt ihr? – Vom Schöpfer der Naturen ist die Natur dieses Landes durch wunderbare Umwandlung in diese häßliche Ungleichheit umgestaltet worden; und was sich nach so langer Zeit da zugetragen hat, das hat so lange Zeit hindurch Bestand... Wie es demnach Gott nicht unmöglich war, Naturen zu bilden nach Belieben, so ist es ihm auch nicht unmöglich, die von ihm gebildeten Naturen nach Belieben umzugestalten.«[30]

Der Widerspruch zwischen Natur und Wunder ist in Gott aufgelöst. Die unumschränkte Allmacht Gottes ist das theologische Zauberwort, dem die menschliche Unzulänglichkeit in der Erkenntnis gegenübersteht. Um das Wunder zu retten und gleichzeitig zu behaupten, daß Gott sich nicht widersprechen kann, ist es nötig, den Begriff von Natur aufzuweichen.

Alles, was Gott möglich ist, ist auch natürlich zu nennen!

Das gesamte Mittelalter hindurch, bis hin zum Beginn der Neuzeit, galt diese Theorie über die Natur und die Wunder als unumstößlich. Zur Meinung der offiziellen Kirche geworden, wurde sie durch die Zeiten hindurch immer wieder bekräftigt.

Die Ursache für die lange Haltbarkeit einer solchen theologischen Argumentation ist wohl in einem überzeugten Glauben an das Übernatürliche, das ständig in der Wirklichkeit unserer Welt festgestellt werden kann, zu suchen. In Kombination mit einem unzureichenden Wissen über Naturgesetzmäßigkeiten wurde sie selbstverständlich als zu glaubende Wahrheit verstanden.

## Thomas

Mit ruhigem Gewissen können wir uns einen Sprung ins 13. Jahrhundert erlauben, ohne befürchten zu müssen, daß eine wichtige Entwicklung in der Wunderproblematik übergangen würde.

Eine Problematik im Sinne unserer heutigen Frage nach der Möglichkeit oder Unmöglichkeit von wunderbaren Ereignissen gab es ohnehin nicht. Für jeden, der an den allmächtigen Gott der Christen glaubte, waren Wundertaten durchaus möglich.

Es ging nur darum, mehr oder weniger eindeutig zu definieren, wann von einem solchen Phänomen gesprochen werden könne.

Eine kleine Variante der Augustinischen Wunderlehre brachte Thomas von Aquin (1225–1274). Wahrscheinlich im Jahre 1225 in Neapel geboren und in vornehmen Verhältnissen aufgewachsen, lernt Thomas die Theologie des Augustinus kennen. Als Schüler des Albertus Magnus (1200–1280) in Köln studiert er Augustinus und die Philosophie des Aristoteles. In seinen späteren Arbeiten gelingt es ihm, eine »summa theologica« aufzustellen, die eine Synthese der Lehren des Theologen und des Philosophen darstellt.

Bezüglich der Wunderfrage bezieht er eindeutig den Standpunkt des Augustinus. Auch er ist der Meinung, daß die Wunder nicht gegen die Natur geschehen, sondern lediglich gegen die »uns bekannte Natur«. Allerdings schränkt er den Begriff des Wunders etwas ein.

Wenn Augustinus noch der Meinung war, daß nicht nur Gott, sondern auch irgendwelche Dämonen Wunder wirken können (»Es ist nicht widersinnig, zu glauben, daß alles, was sichtbarerweise geschieht, auch durch die niederen Gewalten dieser Luftwelt geschehen kann.«[31]), so bestreitet Thomas, daß man solche Taten als Wunder im eigentlichen Sinne bezeichnen könne.

Er sagt: »Von einem Wunder ist im eigentlichen Sinne dann die Rede, wenn etwas geschieht vorbei an der Ordnung der Natur. Es genügt aber nicht zum Begriff des Wunders, daß etwas geschieht vorbei an der Ordnung irgendeiner Teilnatur, denn sonst würde, wer einen Stein in die Höhe wirft, ein Wunder wirken, da dieses außerhalb der Naturordnung des Steins liegt. Deswegen wird also etwas Wunder genannt, weil es vorbei an der Ordnung der gesamten Natur geschieht. Und das kann nur Gott machen ...«[32]

Thomas weiß zwar genau, daß auch in anderen Völkern und in anderen Religionen Wundergeschichten existieren, aber er sieht einen Unterschied zu den christlichen Wunderberichten.

»Wenn also ein Zauberer etwas durch einen mit einem bösen Geist abgeschlossenen Vertrag wirkt, so geschieht das gleichsam durch eine geheime Abmachung. Die göttliche Gerechtigkeit nun steht im ganzen Weltall wie das öffentliche Recht im Staat. Und darum heißt es von den guten Christen, insofern sie in göttlicher Gerechtigkeit Wunder wirken, sie wirken Wunder in öffentlicher Gerechtigkeit; von den schlechten Christen aber (heißt es, sie wirken Wunder) durch die Zeichen der göttlichen Gerechtigkeit, z. B. Anrufen des Namens Christi oder Anwendung von Sakramenten.«[33]

Unerklärliche Ereignisse kommen vor, das kann jeder in der Natur immer wieder beobachten und jeder hört es ja in den immer wieder neu aufgelegten und variierten Geschichten. Verursacht werden diese Phänomene von überirdischen Kräften, das steht fest. Wunder, im Sinne der christlichen Überlieferung, können aber einzig und allein nur von Gott gewirkt werden.

»Weil aber nicht alle Kräfte der geschaffenen Natur uns bekannt sind, darum ist etwas, wenn es vorbei an der uns bekannten Ordnung der geschaffenen Natur geschieht, aufgrund einer uns unbekannten geschaffenen Kraft, ein Wunder für uns.«[34]

So schwierig eine Unterscheidung nach der Wirkursache auch sein mag, es bleibt dabei, daß nur der Gott der Christen wahrhaft Wunder wirken kann.

Wunder sind ja nur deshalb theologisch überhaupt interessant, weil sie eine der Wirkweisen Gottes darstellen. In diesem Punkte stimmt Thomas der Lehre des Augustinus wieder völlig zu.

»Von dem, was durch Gott in der Schöpfung geschieht, kommt einiges nach dem natürlichen Lauf der Dinge zustande; einiges aber wirkt er durch Wunder, vorbei an der den Geschöpfen eingeschaffenen Naturordnung.«[35]

Wie wir später noch genauer sehen werden, gab es in außerchristlichen Kulturen ebenfalls Wunderphänomene. Sollte aber auch weiterhin das Wunder in den Evangelien Jesus als den Sohn Gottes legitimieren und damit eben im Gegensatz zu anderen etwas Besonderes darstellen, mußte, wie hier durch Thomas, eine Sonderstellung des christlichen Wunders versucht werden.

Neben dieser innertheologischen Variante des Thomas bleibt aber die Möglichkeit des Wunders noch unbestritten. Es ist ohne Frage, daß es Ereignisse gibt, die von Gott unmittelbar, ohne jede Mittelursache, gewirkt werden.

Genau aber an dieser Stelle wird bald eine massive Kritik einsetzen. Mit dem ernsthaften Betreiben wissenschaftlicher Forschungen werden spätere Generationen immer mehr erkennen, daß die wunderbaren Ereignisse, von denen die Bibel berichtet, durchaus auf natürliche Ursachen zurückgehen. Allein der Umstand, daß die Ereignisse damals noch unbekannt und ihre natürlichen Ursachen noch nicht entdeckt waren, ließ den Gedanken an Wunder aufleben. Deshalb wird der Wundercharakter den unerklärlichen Ereignissen immer mehr abgesprochen.

Die von Thomas entwickelte kirchliche Theorie wird dabei in der Diskussion mit den Naturwissenschaften immer mehr auf der Strecke bleiben.

## Luther

Aber noch ist es nicht soweit!

Außerkirchliche Autoritäten finden noch zu wenig Resonanz, als daß sie sich als ernst zu nehmende Diskussionspartner durchsetzen könnten. So ist es uns erlaubt, weitere 200 Jahre zu überspringen, bis wir auf Veränderungen im Denken über die Wunder stoßen.

Bisher hatte man ausschließlich über das Verhältnis von Natur und Wundergeschehen spekuliert und beides als gleich wirkliches Werk Gottes definiert. Ein solches Verständnis von der Welt und den in ihr wirkenden Ursächlichkeiten, demzufolge Wunder nichts grundsätzlich Unmögliches darstellen, nennt man ein »supranaturales«. In einem Weltbild, in dem ständig mit Einwirkungen überirdischer Wesen gerechnet werden muß, gibt es keinen exakten Unterschied zwischen Natur und Übernatur, zwischen Gott und der Welt.

Daß von daher Wunder eher dazu geeignet waren, Aberglauben zu fördern, als die christliche Glaubenslehre zu bekräftigen, leuchtet ein. Dies nahmen die Reformatoren des 16. Jahrhunderts zum Anlaß, um den supranaturalen Wunderbegriff durch einen »religiösen« zu ersetzen.

Allen voran verurteilte Martin Luther (1483–1546) die übersteigerte Wundergläubigkeit. Ihm geht es darum, die Aufmerksamkeit der Gläubigen auf Wesentliches zu lenken.

»Man soll lernen, daß man der Offenbarung Christi glauben soll, aber keinem Zeichen und Wunder, ob schon ein Todter auferweckt würde.«[36]

Die Wunder sind für Luther »kindische Zeichen«, die der breiten Masse imponieren, aber keinerlei Beweiskraft für die Richtigkeit oder Unrichtigkeit einer Lehre haben.

»Ich habe niemals gewünscht, daß ein Zeichen um der Lehre willen geschehen möchte. Denn ich bin gewiß, daß damit nichts ausgerichtet würde und daß von diesem verkehrten Geschlecht der Heuchler alles dem Teufel zugeschrieben würde. Ich lasse mir daran genügen, daß sie durch die Kraft der Wahrheit überzeugt werden und sich in ihrem eigenen Gewissen selbst verdammen müssen.«[37]

Luther bekämpft die Überbetonung der Wunder deswegen, weil er klar sieht, daß dadurch einerseits dem Aberglauben Tür und Tor geöffnet und andererseits in den Köpfen der Menschen ein Gottesbild festgeschrieben wird, das mit dem christlichen Gott nichts zu tun hat. Der Gott, den die Christen Vater nennen dürfen, ist eben kein Willkürgott, der sich vorbehält, die von ihm gänzlich abhängigen Menschen zu erschrecken und mit allerlei kuriosen Maßnahmen zu überraschen. Die Christen haben ein Evangelium, das ihnen zur Genüge deutlich macht, wer der Herr der Welt ist und wem sie sich gläubig anvertrauen können.

»Das Evangelium fehlt und lügt nicht, aber Wunder trügen sehr, wie Paulus verkündet hat (2 Tess 2, 9), daß der Endchrist soll mit falschen Wunderzeichen umgehen, daß er auch die Auserwählten verführen mag.«[38]

Sosehr Luther die Bedeutung der Wunder für den Glauben bestreitet, so hält er sie dennoch für mögliche Ereignisse. Er beschreibt auch, in welchen Fällen nach seiner Meinung Gott diese Art von Eingriffen für nötig hält:

»Solange die Götzendienste und greulichen Abgöttereien der Heiden regierten, war es noth, daß Christus und die Apostel leibliche Wunderzeichen thaten, die Lehre des Glaubens an Christum zu bestätigen.«[39]

An anderer Stelle schreibt er:

»Wenn Gott hat alte Lehre abbringen und neue einsetzen wollen, hat er diese mit Wunderzeichen bestätigt; wenn sie aber angenommen worden, hat er damit aufgehört.«[40]

Was also die Möglichkeit des Handelns Gottes angeht, so will Luther nichts anderes lehren. Ihm geht es um den übertrieben hohen Stellenwert der Wunder, der ihnen in der kirchlichen Verkündigung eingeräumt wird.

Im christlichen Glauben geht es doch nicht darum, Gott gewisse Aktivitäten zuzutrauen oder abzustreiten, nein, es geht darum, dem Menschen eine Alternative zu der Sinnlosigkeit dieser Welt zu zeigen. Und das wird nicht erreicht durch irgendwelche Zauberkunststücke, sondern allein durch den Glauben an die Botschaft Jesu Christi.

»Alle Wunder, die einmal geschehen sind, geschehen auch noch bis auf den heutigen Tag durch den Glauben.«[41]

Und in der Tat ist das »wahre Wunder« für Luther der Glaube. Das einzig Wunderbare ist die Chance, die dem Menschen im Evangelium eröffnet wird.

»Das sind die allergrößten Wunder, daß Christus durch sein Wort die Seelen lebendig macht ...«[42]

Wir sehen, daß 16 Jahrhunderte nach Christi Wirken die Wunder immer noch Aufsehen erregen und bedeutende Theologen zur Stellungnahme auffordern.

Die rein religiöse Komponente des Wunders wieder ins Licht gerückt zu haben ist das große Verdienst Martin Luthers. Auch wenn er die Schwierigkeiten, die mit den bedrängenden Fragen der Naturwissenschaft aufkamen, nicht lösen konnte, so hat er doch dazu beigetragen, daß das Eigentliche der biblischen Überlieferung wieder stärker in den Blick kam.

»Das ist das größte Wunder, daß der am Kreuze gestorbene Mensch Christus am dritten Tage wieder aufersteht, mit seinem Fleische gen Himmel fährt und zu Rechten Gottes sitzt.«[43]

## Spinoza

Der Weg durch die Wunderdiskussion führt uns in ein neues Jahrhundert. Es ist das 17. nach Christi Geburt. Die Geschichtsschreibung vermerkt hier den Beginn einer neuen kulturgeschichtlichen Epoche des Abendlandes. – Die Aufklärung!

Der Zeitgeist ist geprägt von den ersten Erfolgen der exakten Naturwissenschaft. Der Mensch erkennt seine ungeheuere Macht, die sich entfaltet, wenn er »den Mut hat, sich seines eigenen Verstandes zu bedienen«[44]. Die rationale menschliche Vernunft wird zum allgemein verbindlichen Prinzip erhoben. Kritische Betrachtung der Tradition und Mißtrauen gegen jegliche Autorität kennzeichnen das neue Bewußtsein. Der wissenschaftliche Beweis entscheidet über wahr und falsch.

Es ist wenig verwunderlich, daß sich nun im 17. Jahrhundert und erst recht im darauffolgenden 18. Jahrhundert die supranaturale Erklärung des Wunders nicht mehr zu halten vermag. Vorwiegend in England, Holland und Frankreich hält man die diesbezügliche Lehre der Kirche für eine Zumutung.

Eine erste, noch anonym veröffentlichte Stellungnahme zum

kirchlichen Wunderverständnis gibt der holländische Glasschleifer und Philosoph Spinoza (1632–1677) im Jahre 1670 in seinem »Theologisch-politischen Traktat« ab. Im Vorwort schlägt er gleich einen scharfen Ton an:

»Kein Wunder ..., daß von der alten Religion nichts mehr geblieben ist als ihr äußerer Kultus ... und daß der Glaube schon nichts anderes mehr ist als Leichtgläubigkeit und Vorurteile.

Und was für Vorurteile! Solche, die die Menschen aus vernünftigen Wesen zu Tieren machen, die es vollkommen verhindern, daß noch einer seine Urteilskraft gebraucht und wahr und falsch unterscheidet, und die mit Fleiß ausgedacht scheinen, um das Licht des Verstandes gänzlich auszulöschen.

Die Frömmigkeit, o ewiger Gott, und die Religion bestehen in widersinnigen Geheimnissen, und wer die Vernunft von Grund aus verachtet und den Verstand, als seiner Natur nach verderbt, verwirft und verabscheut, der gilt höchst ungerechterweise für gotterleuchtet.«[45]

Hier wird mit einem Male deutlich, daß der schon von Augustinus unternommene Versuch, Natur und Wunder, Vernunft und Wunderglauben in Einklang zu bringen, einer kritischen Betrachtung unterzogen wird. Spinoza, der hier als Sprecher der damaligen Intelligenz zu verstehen ist, beschuldigt die Theologen, mit der Unwissenheit der Menschen Schindluder zu treiben und die Wissenschaft, die sich bemüht, Zusammenhänge einsichtig zu machen, zu verteufeln.

»Wie man ein Wissen, das die menschliche Fassungskraft übersteigt, göttlich nennt, so pflegt man auch ein Werk, dessen Ursache unbekannt ist, göttlich oder Gottes Werk zu nennen. Denn das gewöhnliche Volk meint, Gottes Macht und die Vorsehung offenbare sich am klarsten, wenn ihm in der Natur etwas Ungewohntes begegnet, das im Widerspruch zu der Anschauung von der Natur steht, die es sich aus täglicher Gewohnheit gebildet hat ... Darum glaubt das Volk, das Dasein Gottes könne durch nichts so klar bewiesen werden, als wenn die Natur anscheinend ihre Ordnung nicht einhält, und deshalb, meint es, leugnen alle, welche die Dinge und die Wunder durch natürliche Ursachen erklären oder zu verstehen suchen, Gott oder wenigstens Gottes Vorsehung.«[46]

Spinoza ist mit Recht empört. Da werden Menschen verteufelt, die sich ernsthaft bemühen, mit Hilfe ihres Verstandes die Natur zu erforschen, nur weil sie dadurch Erkenntnisse gewinnen, die neu und daher unter Umständen mit dem bisherigen Weltbild nicht mehr vereinbar sind.

Zum Zeitpunkt des Erscheinens dieser Schrift ist es gerade erst 37 Jahre her, seit der wohl berühmteste Fall dieser Art Schlagzeilen gemacht hatte.

1633 war der bedeutende Naturwissenschaftler Galileo Galilei (1564–1642) von der römischen Inquisition gezwungen worden, die Behauptung öffentlich und feierlich zu widerrufen, daß sich unsere Erde um die Sonne drehe. Als Anhänger der kopernikanischen Theorie war er davon überzeugt, daß die Sonne der feststehende Mittelpunkt unseres Sonnensystems sei und daß es darüber hinaus noch andere Systeme gäbe.

Damit hatte er die Theorie von der Erde als Mittelpunkt der Welt umgestürzt.

Eine derartige Behandlung neuer Denkweisen konnte und wollte man nicht länger hinnehmen. Der Kampf war eröffnet gegen eine Dogmatik, die mit autoritären Methoden einfachhin Tatsachen leugnete und naiven Aberglauben förderte.

»Daher nennt das Volk die außergewöhnlichen Werke der Natur Wunder oder Werke Gottes und will, teils aus Verehrung, teils aus Lust am Widerspruch denen gegenüber, die die Naturwissenschaften pflegen, nichts von den natürlichen Ursachen der Dinge wissen und begehrt nur solche Dinge zu hören, die es am wenigsten kennt und deshalb am meisten bewundern kann.«[47]

Die wissenschaftliche Erklärung vieler Phänomene, die bisher für Wunder gehalten wurden, brachte verständlicherweise erhebliche Unsicherheiten bei autoritätshörigen Menschen mit sich. Ein kleines Beispiel mag genügen, um die Spannungen anzudeuten.

Im Jahre 1752 gelang dem Amerikaner Benjamin Franklin (1706–1790) eine bedeutsame Entdeckung. Er hatte beobachtet, daß man durch Reibung elektrische Funken erzeugen kann, die blitzartig in den Erdboden fahren.

Nun vermutete er, daß es sich bei einem Gewitter um einen ähnlichen Vorgang handeln könnte. Seine Theorie lautete, daß Blitze nichts anderes seien als die Entladung gewaltiger Mengen von Elektrizität.

Er konstruierte einen Drachen mit einer Spitze aus Metall und ließ diesen während eines Gewitters in die Wolken hinaufsteigen. Neben der Schnur verlief ein Draht, der kurz über dem Erdboden endete. Das Experiment verlief so, wie er es sich gedacht hatte. Die Blitze wurden über die Metallspitze in den Erdboden abgeleitet. Damit war das Gewitter als elektrische Entladung der Atmosphäre erklärt. Es blieb nur noch der geniale Gedanke, eine solche Metallspitze auf Gebäuden zu montieren, um so vor Blitzschlag gesichert zu sein.

Diese Erfindung brachte erhebliche weltanschauliche Folgen mit sich. Bisher wurden Gewitter als Strafe oder Machterweis Gottes angesehen. Der Mensch war dieser Naturgewalt hilflos ausgeliefert.

Auf verschiedene Weise versuchte man, sich davor zu schützen. Gebete, Anzünden von Kerzen, Glockenläuten oder die Verfolgung vermeintlicher Hexen, die das Zorngericht Gottes oder eines Dämons heraufbeschworen hatten, galten als wirksame Abwehrmittel. Der Aberglaube vermutete in den Lüften allerlei Dämonen und böse Geister, die dort ihr Unwesen trieben. Man spekulierte lediglich darüber, ob die Gewitter von Gott selbst oder vom Satan verursacht würden.

Die Erfindung des Blitzableiters brachte eine entscheidende Wende. Der Mensch bekam ein Stück Natur in den Griff. Er war ihr nicht mehr hilflos ausgeliefert. Das Gewitter wurde entdämonisiert. Mit Erleichterung erkannten die einen, daß Wissen Macht bedeutet; andere dagegen sahen darin einen frevelhaften Eingriff in einen göttlichen Machtbereich. Pfarrer weigerten sich beispielsweise, eine solche »Ketzerspitze« auf ihrem Kirchturm anbringen zu lassen.

Derartige Entdeckungen bedeuteten für die Kirche ein äußerst schwieriges Problem. Immer mehr Bereiche des Lebens wurden säkularisiert (gingen von kirchlicher in weltliche Zuständigkeit über). Bisher war die Kirche und ihre Theologie allein zuständig gewesen für eine autorisierte Welterklärung und Weltdeutung. Sie allein hatte bisher Theorien über Kausalzusammenhänge innerhalb der Natur geliefert. Sie war die einzige Autorität auf den Gebieten des Glaubens und des Wissens. Dabei waren ihre Erklärungen keine wissenschaftlichen Theorien, die in dem Fall, daß sie durch die Praxis widerlegt werden, hätten aufgegeben werden müssen; sondern es waren gleichsam göttliche Wahrheiten, die sie verkündete.

Wen wundert es da, daß Naturwissenschaftler, die es wagten, von der kirchlichen Theorie über irgendein Phänomen abzuweichen oder sogar Gegenteiliges zu lehren, mit den größten Schwierigkeiten zu rechnen hatten.

Nicht nur, daß die Kompetenz der Kirche in diesen Fragen

angezweifelt wurde; nein, die neue Bewertung der menschlichen Vernunft wurde gar als Aufstand gegen Gott angesehen. Wer es wagte, für ein bisher als wunderbar angesehenes Ereignis natürliche Ursachen anzunehmen, leugnete nach Meinung der Kirche die göttliche Ursache.

Schließlich hatte man die Heilige Schrift, aus der die göttliche Lehre über die Welt gewissermaßen abzulesen war. Und wer sich erlaubte, auch nur ansatzweise die Bibel und damit die »Selbstoffenbarung Gottes« in Zweifel zu ziehen oder gar Lügen zu strafen, der wurde dann auch mit allen Mitteln kirchlicher Inquisition verfolgt und bestraft. Die öffentliche Verurteilung nach dem Gotteslästerungsparagraphen des staatlichen Gesetzes zog die grausamsten Maßnahmen nach sich (Ausreißen oder Abschneiden der Zunge, Abhauen der Hand, lebendige Verbrennung, Folter).

Doch trotz all dieser abschreckenden Quälereien war die Wissenschaft nicht mehr aufzuhalten. Die menschliche Vernunft fragte, suchte, entdeckte, erfand und begann, sich die Welt untertan zu machen. Immer häufiger wurden Wunder als widernatürliche Vorgänge in den Bereich der Legende verwiesen. Der Wunderglaube, so sagte man, braucht die Unwissenheit; dem Wissen hält er nicht stand.

Alles, was geschieht, geschieht nach festen und ewigen Gesetzmäßigkeiten!

Spinoza, der sich nicht scheute, öffentlich davon zu sprechen, beschränkte sich nicht nur darauf, wissenschaftliche Positionen bekanntzumachen, sondern er ging mutig zum Gegenangriff über. Er begann, theologisch zu argumentieren:

»Wenn daher in der Natur etwas geschehen würde, das mit ihren allgemeinen Gesetzen im Widerspruch stünde, so würde es auch dem Ratschluß, dem Verstand und der Natur Gottes notwendig widersprechen; oder wenn jemand behaupten wollte, Gott tue etwas entgegen den Naturgesetzen, so müßte er zugleich auch behaupten, Gott tue etwas seiner eigenen Natur entgegen, was höchst widersprüchlich ist.«[48]

Wenn es so wäre, daß der Mensch ständig mit irgendwelchen göttlichen Eingriffen oder widernatürlichen Vorgängen rechnen müßte, dann würde jegliche Sicherheit aus dem menschlichen Leben genommen. Das Leben wäre dem Zufall preisgegeben.

Und was wäre das für ein Gott, der so handelt? Ein Willkürgott wäre es, vor dem der Mensch nicht anders kann, als sich zu fürchten.

Spinoza läßt keinen Zweifel an seiner Position. Er geht so weit, zu sagen, daß derjenige, der Wunder behaupte, also Ereignisse, die gegen die Naturordnung geschehen, letztlich den Gott der Christen leugne.

War das Wunder bis jetzt ein Mittel zur Bestätigung und Bekräftigung des Glaubens, so ist es jetzt zum Glaubenshindernis geworden! Wer den Primat der Vernunft anerkennt, muß ein völlig neues Verhältnis zum Glauben finden.

Die ersten Schlüsse, die aus den bereits vorliegenden wissenschaftlichen Forschungen zu ziehen sind, konfrontiert Spinoza dann auch beherzt mit den Überlieferungen der Heiligen Schrift; sich wohl bewußt, daß er hier ein großes Tabu bricht. »Wir können daraus unbedingt den Schluß ziehen, daß alle wirklichen Geschehnisse, von denen die Schrift berichtet, sich wie überhaupt alles Notwendige, nach den Naturgesetzen zugetragen haben. Findet sich irgend etwas, von dem man unumstößlich beweisen kann, daß es den Naturgesetzen widerstreitet oder sich nicht aus ihnen herleiten läßt, so muß man unumstößlich annehmen, daß es von Frevlerhänden in die Heiligen Schriften eingefügt worden ist.

Denn was gegen die Natur ist, das ist auch gegen die Vernunft, und was gegen die Vernunft ist, ist widersinnig und darum auch zu verwerfen.«[49]

Was hier geschieht, ist ungeheuerlich!

Da wagt es jemand, die göttliche Inspiration der Bibel zu bestreiten! – Was Gott den Menschen geoffenbart hat, soll der Wahrheit widersprechen! – Da fordert jemand dazu auf, nicht alles in der Bibel wörtlich zu nehmen, sondern es als dichterische Verdeutlichung von Zusammenhängen zu begreifen! – Da behauptet jemand, die Heilige Schrift sei ein Stück Literatur, eine Sammlung von Büchern, von Menschenhand geschrieben, teilweise gefälscht, ein Produkt menschlicher Einbildung!

»Denn in der Schrift wird vieles als Tatsache berichtet und für eine Tatsache gehalten, was doch nur Vorstellung und Einbildung war; so, daß ... der Berg Sinai darum geraucht habe, weil Gott vom Feuer umgeben auf ihn niedergestiegen war; ferner, daß Elias auf feurigem Wagen mit feurigen Pferden zum Himmel aufgefahren sei. All das waren sicherlich nur Vorstellungen, angepaßt den Anschauungen derer, die sich uns so, wie sie sich ihnen darstellten, als wirkliche Begebenheiten überliefert haben.«[50]

Diese neue Methode, mit der Spinoza an die Schriften des

Alten und Neuen Testamentes herangeht, stößt die einen vor den Kopf, und den anderen ermöglicht sie ein neues, ein vernunftgemäßes Verständnis.

Er begreift die Bibel nicht mehr als ein von Gott direkt diktiertes Buch, sondern sieht in ihr Erfahrungen von Menschen festgehalten, die ihre religiöse und auch gesellschaftliche Position darlegen.

»Um also die Wunder in der Schrift zu erklären und aus ihrer Darstellung den wirklichen Verlauf zu ermitteln, muß man die Anschauungen derer kennen, die sie zuerst berichtet, und derer, die sie uns schriftlich hinterlassen haben, und diese Anschauungen müssen von ihren etwaigen sinnlichen Wahrnehmungen unterschieden werden; sonst würden wir ihre Anschauungen und Urteile mit dem Wunder selbst, wie es sich wirklich ereignet hat, vermengen.«[51]

Dieser Anlauf gegen die Autorität der Bibel, die Verneinung der Wundermacht Gottes sowie die Kritik an der die Bibel interpretierenden Theologie verursachte, wie zu erwarten, großes Aufsehen. Der Theologisch-politische Traktat hatte sofort eine Flut von Beschwerde- und Schmähschriften zur Folge. Vier Jahre nach Erscheinen verbot die Regierung die weitere Verbreitung. Unter der Hand wurden vereinzelte Exemplare, versehen mit fremdartigsten Titeln und immer fingierten Verlagen, noch eine Zeitlang weitergegeben.

Erst hundert Jahre später durfte Spinoza wieder gelesen werden. Die Zeiten waren freier geworden und die Theologen der Aufklärung erhielten aus der Schrift wertvolle Anregungen für die Entwicklung neuer Auslegungsmethoden. Zwei Generationen vorher aber wurde Spinoza wegen Gotteslästerung und Ketzerei aus seiner jüdischen Glaubensgemeinschaft ausgeschlossen und mit dem Bann belegt.

## Reimarus

Nach dem Verbot des Theologisch-politischen Traktats wurde kirchlicherseits alles unternommen, um die dort geäußerten neuen Ideen totzuschweigen. Wo immer Intellektuelle es wagten, sich auf das Gebiet der Religion zu begeben, hatten sie mit erheblichen Repressalien zu rechnen.

Wo Argumente fehlten, wurde die wissenschaftliche Vernunft gern lächerlich gemacht. Doch das Denken konnte man nicht verbieten, und der neue Geist machte seinen Weg auch ohne die Legitimation der weltlichen und kirchlichen Autoritäten.

Hundert Jahre, nachdem Spinoza mit seinen Ideen ungeheures Aufsehen erregt hatte, erschien in Deutschland eine ähnliche Schrift, die sich mit den eigenartigen Geheimnissen in der christlichen Religion befaßte.

»Fragmente eines Ungenannten« war der Titel, unter dem sie Gotthold Ephraim Lessing (1729–1781) herausgab. In seiner angesehenen Stellung als Bibliothekar in Wolfenbüttel war es ihm möglich, Schriften zu veröffentlichen, die von der Zensur befreit waren. Diese Möglichkeit nahm er wahr, als er 1774 und 1777 Auszüge aus einem größeren Werk veröffentlichte, deren Verfasser er vorsorglich geheimhielt. Es handelte sich um den bereits verstorbenen Professor für Orientalistik, Hermann Samuel Reimarus, aus Hamburg (1694–1768).

Aus Furcht vor den unbarmherzigen Methoden klerikaler Kreise hatte sich Reimarus zu Lebzeiten nicht dazu entschließen können, seine Gedanken zu veröffentlichen. Er wird die absehbaren Folgen geahnt haben, die die Publikation seiner Werke nach sich zog.

Als theologisch interessierter Wissenschaftler hatte er sich auch mit den Wundern und ihrer geläufigen Interpretation beschäftigt. Und gerade weil seine Deutung dieser Phänomene nicht mit der der theologischen Autoritäten übereinstimmte, war es ihm unerträglich, nicht fair die Gegensätze diskutieren zu können.

Die Art, wie seit Spinoza Vernunft und Glaube gegeneinander ausgespielt wurden, machte ihn zu einem aggressiven Verfechter wissenschaftlicher Vernunft.

». . . nein es ist wahr, wir glauben das nicht, was das heutige Christentum zu glauben verlangt, und können es aus wichtigen Ursachen nicht glauben.«[52]

Die wichtigen Ursachen, die Reimarus hier andeutet, sind in den Erkenntnissen der Wissenschaften zu suchen. Die Entdeckungen der Naturgesetzlichkeiten ließen immer deutlicher erkennen, daß alles, was geschieht, auf natürliche Ursächlichkeiten zurückgeht. Nichts geschieht willkürlich! Nichts geschieht auf wunderbare Weise!

Es ist klar, daß sich nach diesen Entdeckungen das bisherige Verständnis von der Natur nicht mehr halten konnte.

Für Augustinus war es noch möglich, alles Geschehen als ein willkürliches Handeln Gottes zu verstehen, dessen Sinnhaftigkeit der Mensch nicht zu durchschauen vermag, dessen sinnvolle Einordnung in das Ganze der Welt dem Menschen verborgen ist. Die Welt und die Natur wurden nicht als eigenständige Größen gesehen.

Der Begriff vom Schöpfergott, der alles erschaffen hat und alles erhält, ließ es selbstverständlich erscheinen, daß dieser allmächtige Gott schließlich mit seiner Welt verfahren kann, wie es ihm gefällt.

Wenn nun die Wissenschaft, dieses »Werk des Teufels« behauptete, daß die der Natur innewohnende Gesetzmäßigkeit den Ablauf der Dinge bestimme und nicht irgendwelche geheimnisvollen Kräfte, so bedeutete dies eine Schmälerung, wenn nicht gar eine Bestreitung der Allmacht Gottes.

Hatte man bisher gewissermaßen von oben her, von Gott her gedacht und die Welt gedeutet, so wurde nun die Erkenntnis des Menschen zum Kriterium für ein neues Naturverständnis.

Gestützt auf genaue Beobachtung der Naturabläufe, wurden Sätze über ihre Ursachen aufgestellt, die durch Experimente bewiesen werden mußten. Erst wenn diese wissenschaftlichen Thesen allen Berechnungen und Experimenten standhielten, konnte man die Richtigkeit ihrer Behauptung vertreten.

Diese wissenschaftliche Deutung der Welt kennzeichnet die völlig veränderte Situation des Denkens gegenüber dem Mittelalter und der Reformationszeit.

Dementsprechend gerieten immer mehr Gläubige in Gewissenskonflikte, wenn die Lehre ihrer Kirche der Vernünftigkeit widersprach. Die Krise ist deutlich spürbar, wenn man hört, daß immer häufiger von »glauben müssen« gesprochen wurde.

Diesen Glauben, der den Menschen nicht frei machte, sondern ihn zu einem blinden »Für-wahr-Halten« bestimmter theologischer Theorien zwang, bekämpfte Reimarus aufs schärfste.

»Die Menschen sollen glauben, ehe sie noch zu den geringsten Begriffen, Urtheilen und Prüfungen des Geglaubten fähig sind. Sie sollen glauben, was über die Vernunft ist, ehe sie von dem, was der Vernunft faßlich ist, eine Einsicht haben. Wie läßt sich eine Religion, oder Erkenntnis Gottes, ohne alle Begriffe, ohne alles Vermögen der Einsicht pflanzen? Wie kann ein geheimnisvoller Glaube stattfinden, der nicht auf die Anfangsgründe einer vernünftigen Religion gebauet ist?

Daraus kann nichts als ein blinder Glaube entstehen, da die

Menschen selbst nicht wissen, was sie glauben, noch warum sie es glauben.«[53]

Ja, Reimarus geht noch weiter. Für ihn ist der christliche Glaube in seiner derzeitigen Form dem Aberglauben gleichzustellen. Der Universalgelehrte, ein Fachmann auf den Gebieten der Naturwissenschaft, Mathematik, Geschichte, der Sprachen, der Theologie und der Philosophie, hat für den Wunderglauben nur ein verzweifeltes Kopfschütteln übrig.

Obwohl Erkenntnisse über die Natur nicht mehr auf Glauben angewiesen waren, sondern wissenschaftliche Methoden exakte und vorurteilsfreie Ergebnisse brachten und viele Wunder bereits natürlich erklärt hatten, hielt das Volk an alten Glaubensvorstellungen fest.

Der Wunderglaube war zu einem falschen Wahn denaturiert, und dennoch wollte man nicht von ihm lassen.

Daß die Theologen ihrerseits keine Anstalten machten, ihren Standpunkt zu überdenken, brachte ihnen immer mehr Gegner ein.

Da war es beispielsweise in der Medizin gelungen, die Ursachen verschiedener Geisteskrankheiten zu erklären. Doch die Diagnosen der Theologen wurden denen der Ärzte vorgezogen. Teuflische Besessenheit war eine plausiblere Erklärung als beispielsweise eine chronische Hirnhautentzündung.

Von seiten der Wissenschaftler wurde daher die Kompetenz der Kirche in diesen Fragen deutlich bestritten.

Natürliche Ursachen ersetzten übernatürliche Kräfte. Sollte es eigentlich zur Zeit der Bibel anders gewesen sein?

Reimarus stellt ausführliche Spekulationen darüber an und versucht nach und nach, die Wunder der Bibel auf etwaige natürliche Ursachen hin abzuklopfen.

Bei seinem ernsten Bemühen, auch dem »vernünftigen« Menschen Glauben zu ermöglichen, hatte Reimarus harte Kämpfe mit der Kirche auszustehen. Er wollte die Überlieferung der Heiligen Schrift von einem Ballast befreien, der – obwohl nur zeitbedingtes Rankwerk – immer mehr zum Selbstzweck geworden war und viele deswegen gleich das ganze Christentum ablehnen ließ.

Um nicht die gesamte bisherige Wundertheorie aufgeben zu müssen, weigerte sich die Kirche generell, die neuen Ideen ernst zu nehmen und verdammte sie. Von den Menschen wurde kategorisch ein blinder Glaube gefordert.

Diese unerträgliche Situation, in der die Kirche einfach einen

Teil der wissenschaftlichen Realität leugnete, brachte selbst einen so besonnenen und ernsthaften Gelehrten wie Reimarus aus der Ruhe. Seine Kritik an den Wundern verband er immer wieder mit Kritik an der gegenwärtigen Kirche.

»Die Heucheley, womit sich viele in der Christenheit zu ihrem innern Verdrusse behelfen müssen, zeuget wider die Herren Theologen, daß sie ein freyes Bekenntnis der vernünftigen Religion durch Furcht und Zwang unterdrücken.

Denn wer würde wohl in einer so ernsthaften Sache, wider seine eigene Überführung, öffentliche Handlungen begehen, die ihm ein Ekel und Ärgernis sind?

Wer würde seine wahre Meinung, dafür er sich sonst gar nicht zu schämen hätte, vor seinen Freunden und Verwandten beständig verhehlen? Wer würde seine eigenen Kinder in solche Schulen schicken, da sie, nach seiner Einsicht von der wahren Religion, die er selbst zu haben vermeint, zu einem blinden und verderblichen Aberglauben angeführt werden, wenn er solches alles nicht aus großer Furcht für den Verlust seiner ganzen zeitlichen Wohlfahrt zu thun genöthigt wäre?

Die Herren Prediger mögen gewiß glauben, daß ein ehrlicher Mann seinem Gemüthe keine geringe Qual anthun muß, wenn er sich sein ganzes Leben hindurch stellen und verstellen muß. Was soll er aber anfangen, da die meisten Menschen, darunter er lebt, mit Haß und Bosheit, gegen den Unglauben, von der Priesterschaft erfüllt sind?

Man würde ihm Freundschaft, Vertrauen, Umgang, Handel und Wandel, ja alle Liebesdienste versagen, und ihn als einen ruchlosen und abscheulichen Missethäter vermeiden.«[54]

Das unerträgliche Klima läßt sich erahnen!

Verständlich, daß Reimarus sich vor einer Veröffentlichung seiner Schriften fürchtete. Seine Arbeitsmethoden wären zu seinen Lebzeiten niemals gebilligt worden.

Als Verfechter einer natürlichen Religion ist er der Meinung, daß die Bibel als eine antike Quelle nach gleichen grammatischen und philologischen Methoden behandelt werden muß. Kritische Textuntersuchung darf vor den Heiligen Schriften nicht zurückschrecken. Reimarus regt sich sehr darüber auf, daß die Theologen immer und immer wieder die Glaubwürdigkeit der Apostel betonen, sich aber andererseits weigern, zu den Widersprüchlichkeiten in den überlieferten Berichten Stellung zu nehmen.

Heftig wie seine Kritik war dann auch die Wirkung seiner

Schriften, als sie gegen Ende des 18. Jahrhunderts an die Öffentlichkeit kamen. Daß die Publikation kurze Zeit später verboten wurde, konnte nicht verhindern, daß erstmals eine breite Schicht mit derartigen Problemen konfrontiert wurde.

War die Wunderdiskussion bisher eher ein Streit unter Gelehrten, so wurden jetzt alle bürgerlichen Gruppen zu einer Parteinahme gezwungen.

Erstaunen bei den Politikern, heftige Zustimmung bei der jungen Generation, Mißvergnügen bei den Älteren. Theologiestudenten verließen ihre Studienplätze und sattelten auf wissenschaftliche Fächer um.

Überall wurde die Forderung laut, die Theologen sollten endlich Platz lassen für freie Gedanken und neue Erkenntnisse.

Die Antwort war eine allgemeine Verschärfung der Zensur. – Der Skandal war entfesselt!

## Bahrdt

Seitdem Spinoza es unternommen hatte, wissenschaftliche Erkenntnisse der neuen Zeit nicht mehr länger als Stiefkinder neben der alles umfassenden, alles erklärenden und begründenden Religion stehenzulassen und die aufgeklärte Vernunft zur Grundlage jedes Verstehens zu machen, zogen diese aufklärerischen Gedanken immer wieder zahlreiche Menschen in ihren Bann.

Die neue Art, die Bibel zu lesen, der Drang danach, ihre Widersprüche aufzudecken, und der Wunsch, ihre Aktualität auch in einem neuen, aufgeklärten Weltverständnis wieder aufleben zu lassen, war verbunden mit heftiger Kritik gegen die bestehende Kirche, die alles unternahm, um eine Verflechtung von wissenschaftlicher Erkenntnis und religiösem Verstehen zu verhindern und als Gotteslästerung zu verurteilen.

Die Kirche mußte mehr oder weniger hilflos mitansehen, wie ihre vornehmste Aufgabe, die Schrift auszulegen und für jede Zeit aktuell zu interpretieren, mehr und mehr von Freidenkern unter Theologen und Profanwissenschaftlern übernommen wurde, die ihre seit jeher unbestrittene Kompetenz in Frage stellten. Statt, wie bisher, sich die Bibel von autorisierten Kirchenstellen auslegen zu lassen und die Gedanken der biblischen Schriftsteller dogmatisch interpretiert zu bekommen, waren immer mehr Intellektuelle fasziniert von der Idee, selbst kritisch die Texte zu durchleuchten. Und so fehlte es auch nicht an immer neuen Versuchen, sich in biblischer Exegese (Auslegung) unter aufgeklärten Vorzeichen zu üben.

Einer dieser neuen Exegeten war der aufgeklärte Theologe Carl-Friedrich Bahrdt (1741–1792). In seinen »Briefen über die Bibel im Volkston« (»Eine Wochenzeitschrift von einem Prediger auf dem Lande«), die er anonym seit 1782 herausgab, machte er es sich zur Aufgabe, das Leben Jesu für »Zweifler und Denker«, für »Christen und Nichtchristen« zu erläutern.

Ausführlich widmet er sich der Wunderproblematik. Seine Bestrebungen gehen dahin, seine Leser davon zu überzeugen, daß ein fanatischer Glaube an übernatürliche Kräfte nicht nur keinen Nutzen habe, sondern dem Menschen das eigentlich Entscheidende der christlichen Botschaft verdecke. Er warnt davor, die Eigeninitiative einem blinden Aberglauben zu opfern und sich so in totale Abhängigkeit von Priestern zu begeben, die im einzelnen vorschreiben, was zu denken, zu glauben, zu wollen und zu tun ist. Ganz abgesehen von der unnötigen Verunsicherung, die die Unterdrückung der Vernunft bewirke.

So schlägt Bahrdt den Predigern vor, alles Wunderbare in den biblischen Erzählungen ganz zu übergehen und die Geschichten bloß »erbaulich« zu behandeln. Ihm kommt es auf den praktischen Nutzwert an.

Das »wunderbare« Rankwerk in den Schriften ist nach seiner Meinung ganz und gar nicht dazu geeignet, die Lehre Jesu ernster zu nehmen und von ihrer Wahrheit zu überzeugen. – Im Gegenteil!

Diejenigen, die lieber ihre Phantasie walten lassen, anstatt sich ihres Verstandes zu bedienen, begaffen die Wunder, grübeln darüber nach und übertreiben so den Stellenwert, den sie in den Schriften einnehmen.

Außerdem ist eine religiöse Wahrheit, die auf Wunderbarem gründet, eher anfällig für Zweifel und eher Verunsicherungen ausgesetzt, als wenn man sie auf die inneren Merkmale ihrer Göttlichkeit baut.

Und mit gutem Beispiel vorangehend, behandelt er der Reihe nach die Wundergeschichten des Neuen Testamentes und stellt sie als völlig natürliche Vorgänge heraus.

Um einen Einblick in seine Arbeit zu ermöglichen, sei hier aus seinem 69. Brief (über die Bibel im Volkston) zitiert. Es geht um die Geschichte des Seewandels Jesu. Zur besseren Orientierung hier zunächst der entsprechende Text bei Mattäus:

»Und sofort nötigte er die Jünger, in das Boot zu steigen und ihm ans andere Ufer vorauszufahren, während er selbst die Scharen entließ.

Nachdem er die Volksscharen entlassen hatte, stieg er allein auf den Berg, um zu beten. Und als es Abend geworden war, befand er sich dort allein. Das Boot aber war schon mitten auf dem Meer und wurde von den Wellen bedrängt, denn es war Gegenwind. Um die vierte Nachtwache aber kam er auf sie zu, über den See schreitend.

Als sie ihn erblickten über den See schreitend, entsetzten sie sich und meinten es sei ein Gespenst, und vor Furcht schrien sie auf.

Er aber redete sie sogleich an und sprach: ›Mut! Ich bin es. Fürchtet euch nicht.‹ Da antwortete ihm Petrus und sagte: ›Herr, wenn du es bist, so heiße mich zu dir zu kommen auf das Wasser.‹ Er aber sprach: ›Komm!‹ Und Petrus stieg aus dem Boote und schritt auf dem Wasser hin und kam auf Jesus zu. Als er aber den Wind sah, fürchtete er sich, und als er zu sinken begann, schrie er: ›Herr, rette mich!‹ Sogleich streckte Jesus seine Hand aus, ergriff ihn und sprach zu ihm: ›Du Kleingläubiger, warum hast du gezweifelt?‹«[55]

Bahrdt bereitet seine Leser zunächst einmal darauf vor, daß diese Geschichte wahrscheinlich weniger wunderbar ist, als man bisher glaubte.

»Aber das Gehen auf dem Wasser? Was sollen wir dazu sagen? War das auch natürlich?

Lieben Brüder? seyd nur erst darin mit mir einstimmig, daß, sobald ein Auftritt natürlich erklärt werden kann, die gesunde Vernunft es gebietet, diese Erklärung jeder anderen vorzuziehen. Dann sollt ihr bald an allen Wundern unglaubig werden.«[56]

Der Leser ist vorbereitet und gewarnt, so daß nun mit der Auslegung begonnen werden kann:

»Auch dieß, daß Jesus auf der See einhertrat und auf den erschrocknen Petrus zuging, der ihn für ein Gespenst ansah, auch dieß hat mehr als eine Möglichkeit für sich, bei welcher man sich beruhigen und dem Übernatürlichen ausweichen kann.

Das Schif der Jünger war nahe am Ufer, da dieser Vorfall sich ereignete. Findet ihr es nun wohl unglaublich, daß am Ufer ein oder mehrere Bauhölzer gelegen haben? daß eins dieser Bauhölzer frey herumgeschwommen sey? daß dies Eine von ohngefehr in derselben Gegend herumgeschaukelt sey, wo das Schif herkam? daß Jesus am Ufer bei ruhiger Phantasie, das gesehn und Petrus, bei seiner stets angeschwängerten Phantasie, das nicht gesehn habe? daß Jesus, da das Schif bald heran ist, auf das lange ungeheure Stük auftrit, fühlt, daß es ihn trägt und – nun auf dem Holze hin und auf das Schif oder den Kahn zugeht und bei den Jüngern einsteigt?

Daß die Jünger, die nie mit gesunden Augen etwas ansahen, sondern immer mehr sahen, als wirklich war, über die daher wandelnde Gestalt erschraken, daß Petrus aufschreit und ein Gespenst sich träumt und – daß nun die guten Leute das Daherwandeln Jesu auf der hundertelligen Ceder der Nachwelt erzählten, als ob die Wellen ihren Meister getragen hätten? –

Oder findet ihrs unglaublich, da er Petrum zu sich heraustreten heist, daß dessen traumvolle Phantasie auch da noch nichts als Wellen unter seinen Füßen sich denkt und, beim ersten Sinken des Balkens, ins Wasser zu taumeln beginnt und im Todesschreck aufschreit: Herr, hilf mir! – und kaum von Jesus ergriffen, wieder in den Kahn zurück springt?

Ich frage, ob in allen diesen Vorstellungen etwas unglaubliches ist?

Ich frage, ob dies nicht Möglichkeit ist, mit welcher jede gesunde Menschenvernunft sich der Dichtung eines Wunders entwinden wird? –

Daß die guten Jünger sich ihr nicht entwinden konnten, ging freylich natürlich zu. Denn ihre Vorurteile hielten ihre Vernunft noch gefesselt.«[57]

So amüsant sich diese Exegese auch liest – Bahrdt hat einen in sich richtigen Schritt getan.

Eine Wundererzählung zeichnet sich ja dadurch aus, daß ein in ihr beschriebenes Geschehen nicht auf eine natürliche Wirkursache zurückgeführt werden kann. Soll also nicht mehr von einem Wunder die Rede sein (was Bahrdt ja will), so muß man diese fehlende Ursache finden. Setzt man nun eine natürliche Wirkursache ein, was nach Bahrdt unbedingt notwendig ist, so hat man einen völlig normalen Vorgang in Eintracht mit den Naturgesetzen vor sich.

Für Bahrdt steht fest, daß alles, was in der Welt geschieht, auch hier seine Ursache haben muß. Und bezüglich der vorhergehenden Geschichte ist es eindeutig erwiesen, daß der Körper eines Menschen in jedem Falle der Schwerkraft unterliegt.

Ein andermal behandelt Bahrdt die »wunderbare Brotvermehrung«. Diese Exegese sei deshalb ausgewählt, weil er dabei zu besonderen Mitteln greift, um den Vorgang als völlig natürlich zu charakterisieren. Bedient sich Jesus in der Bahrdt-Auslegung meist des Zufalls oder irgendwelcher Instrumente, so hat er im folgenden Fall gar eine Geheimorganisation hinter sich, mit der er seine Umwelt gemeinsam verblüfft. Die »Brüder des dritten Grades«, die sich, wenn überhaupt, dann nur nachts und selbst dann noch nur in Höhlen aufhalten, sind der Clou unseres Exegeten.

Doch lesen wir kurz die Geschichte von Markus und hören wir dann, was darüber im 68. Brief C. F. Bahrdts steht:

»Als in jenen Tagen wieder eine große Menschenmenge da war und sie nichts zu essen hatten, rief er die Jünger zu sich und sprach zu ihnen: ›Mich erbarmt des Volkes, denn schon drei Tage harren sie bei mir aus und haben nichts zu essen. Und wenn ich sie hungrig nach Hause gehen lasse, werden sie unterwegs erliegen, denn manche von ihnen sind von weither gekommen.‹

Da entgegneten ihm seine Jünger: ›Woher soll man hier in der Wüste Brot bekommen, sie zu sättigen?‹

Und er fragte sie: ›Wieviel Brote habt ihr?‹

Sie sagten: ›Sieben.‹

Da ließ er das Volk sich auf der Erde lagern, nahm die sieben Brote, sprach das Dankgebet, brach sie und gab sie seinen Jüngern zum Austeilen. Und sie teilten sie unter das Volk aus.

Auch ein paar kleine Fische hatten sie, und er sprach das Segensgebet darüber und ließ auch sie austeilen.

Und sie aßen und wurden satt und hoben noch übriggebliebene Brocken auf: sieben Körbe voll.

Es waren aber ungefähr viertausend, und er entließ sie.«[58]

»Ich frage euch, ob ihr euch hier gezwungen fühlt, an ein Wunder zu denken? – Die einzige Frage, die bei einem unbefangenen Leser erstehen kan, ist: wo Jesus so viele Brode herbekommen haben müsse, als nöthig waren, so viel tausend Menschen satt zu machen? Denn daß er blos und allein die von den Jüngern empfangenen Brode verschnitten habe, steht nicht da.

Es heist nur, daß die Jünger nur fünf Brode ihm geliefert haben. Und es folgt daraus weiter nichts als, daß ein stärkerer Vorrath von den Jüngern nicht herkommen konnte, und –

daß die Jünger, folglich auch die erzählenden Evangelisten, von dem Vorhandenseyn eines stärkeren Vorraths nichts gewust haben.

Keineswegs aber folgt dieß, daß Jesus keinen stärkeren Vorrath gehabt habe ...

Wollet ihr schlüssen, weil man nicht den natürlichen Weg bestimt angeben kan, auf welchem Jesus die nöthigen Vorräthe erhalten hat, so muß es ein übernatürlicher gewesen seyn?

Würde das nicht eben so blödsinnig gefolgert heissen, als wenn ein Bauer, der eine aerostatische Maschine zum erstenmale sieht, urtheilen wollte, daß das Steigen derselben eine übernatürliche Ursache haben müsse, weil er keine natürliche nennen kan?

Freylich haben die Menschen fast von jeher so geschlossen und die Priester der Nationen haben das Volk bei solcher Schlußart zu erhalten gesucht, weil auf ihr aller Glaube ans Übernatürliche und Geheimnisvolle beruht, welcher die Stüze ihrer Herrschaft und die Quelle ihrer Einkünfte seyn muste.

Aber wollen wir, lieben Brüder, in diesem Aberglauben darum beharren, weil die Welt seit Jahrtausenden darinnen beharrt hat?

Wollen wir nie die Kinderschuhe ablegen und Männer werden? –

Kurz, ihr seht deutlich genug, daß selbst aus dem Bericht der Evangelisten kein Wunder erweißlich ist: und daß es vernünftiger ist, tausend Möglichkeiten zu denken, wie Jesus hinlängliche Brodvorräthe haben, und durch Vertheilung derselben die Muthlosigkeit seiner Jünger beschämen konte, als hier ein Wunder zu glauben ...

Findet ihr es unglaublich, daß Jesus heimliche Jünger hatte (deren ja selbst die Evangelisten gedenken – die nur des Nachts zu Jesus kamen) welche im Stillen für seine Zwecke wirksam waren?

Findet ihr es unglaublich, daß Jesus im jüdischen Lande verschiedene Hölen gewählt hatte (deren es unzählige gab – und so groß, daß David mit 3000 Mann in einer Raum hatte) wo er mit den Brüdern des dritten Grades zuweilen zusammenkam, wo er seine Geheimnisse aufbewahrte, wo er sich verbarg, wenn er dem Andringen des Volks entgehen und Einsamkeit und Ruhe genießen wollte, und wo seine Jünger vor der Hand keinen Zutritt hatten, außer daß sie in den Vordergrund derselben kommen durften? Findet ihrs unglaublich, daß Jesus jezt vor einer solchen Höle stand, in welcher seine Vertrauten bereits tags vorher Brodvorräthe in Menge angeschaft hatten, als er seinen Jüngern sagte, er wolle das Volk speisen, und versuchte, was sie dazu sagen würden:

und daß er nun, da sie kleinmüthig ihm die fünf Brode brachten, und sein Vorhaben für unmöglich erklärten, mit einer bedeutenden Miene sie nahm und ihnen ferner sagte: sie möchten das Volk nur sizen heissen, er wolle es schon satt machen: und daß er hierauf einen Korb mit verschnittenem Brod nach dem anderen aus der Höle tragen und durch seine Jünger vertheilen ließ: und daß entlich zwölf Körbe Überbleibsel gesamlet wurden?

Wie? Das findet ihr unglaublich? –

Hingegen das findet ihr nicht unglaublich, daß Gott seine weisen Naturgesetze übertreten und die sattmachende Kraft von 5 Broden in die sattmachende Kraft von 2000 Broden umgeschaffen habe?

Sagt, wo eure Vernunft seyn muß, wenn ihr jene leichten Möglichkeiten verwerfen und lieber zu einer wenigsten halben Unmöglichkeit eure Zuflucht nehmen wollet?

Habt ihr für die übernatürliche Wirkung Gottes den mindesten Grund?

Ist sie mehr als bloße Möglichkeit?

Und wenn ich unter zwei Möglichkeiten (z. B. es kan seyn, daß Jesus Vorräthe hatte und: es kan seyn, daß Gott hier ein Wunder that) wählen soll, gebietet mir nicht der gesunde Menschenverstand, daß ich mich an die Möglichkeit halte, welche die begreiflichste ist und sich an die Natur anschließt?«[59]

Es fällt auf, daß eine solche Art der Bibelinterpretation eigentlich nichts Erzählenswertes mehr übrig läßt und die eigentliche Intention der Erzählung völlig verändert.

Dennoch gilt der Satz, daß alles auf eine natürliche Ursache zurückgeführt werden kann.

»Alles was ist und geschieht, ist ein Gewebe von Ursachen und Wirkungen, welches so ineinander gepaßt ist, daß kein Theil dieses Gewebes anderswo stehen und zu einer andern Zeit wirken und gewirkt werden kan.

Jedes Ding hat seinen angemeßnen Platz, seinen bestimten Augenblick.

Wenn die Gänse im Kapitol auf einem andern Plaze stunden oder einen Augenblick später schnatterten, so geschah das nicht, was geschah. –

Wenn die Erde ihre Distanz von der Sonne nur ein wenig änderte, oder einen Augenblick zu spät ihre Bahn vollendete, so entstünde eine algemeine Veränderung und Zerrüttung in der Natur. –

Kurz, alles ist so mit einander verkettet und verbunden, daß kein Ding Raum oder Zeit verändern kan, die ihm einmal im Gewebe des Ganzen angewiesen ist.

Nehmt z. B. 24 Kugeln und leget sie in einen Cirkel so aneinander, daß eine die andere unmittelbar berühre. Stellet euch vor es wäre der Zweck einer Maschine, daß diese Kugeln in diesem Cirkel beständig fortlaufen und eine die andere treiben müste.

Würdet ihr wohl in dem angenommenen Fall eines solchen Zwecks eine Kugel herausnehmen oder eine mehr hineindrängen können?

Ohnmöglich! Denn sobald ihr eine wegnehmet, so treiben sie einander nicht mehr. Und sobald ihr eine hineindrängt, so wird die Weite des ganzen Cirkels verändert. –

Sehet, lieben Brüder, eben so unmöglich ists, daß aus der großen Kette der Weltbegebenheiten ein Glied oder von dem wunderbaren Gewebe der Ursachen und Wirkungen, welches der Schöpfer mit anbetungswürdiger Weisheit verfertiget hat, eins herausgenommen oder eins eingeschoben werde.

Wenn ihr nun dieß eingestehet, so leget nur den Begrif des Wunders unter und versuchet ob ihr ihn noch denken könt.

Ein Wunder bringt entweder in die Kette ein neues Glied hinein oder es nimt ein altes heraus. Denn sobald Gott etwas unmittelbar wirkt, so entsteht ein Ding, das mit keinem andren Dinge, das schon vorhanden ist, als Wirkung mit ihrer Ursache zusammenhängt:

sonst wäre es kein Wunder sondern eine Naturbegebenheit.

Also entsteht etwas neues. Es muß demnach in das Ganze eingeschoben werden. Der Punkt, also wo es eingeschoben wird muß zwischen andern Dingen gedacht werden, die schon vorhanden sind.

Dieß Einschieben muß folglich eine Veränderung der Lage und der Zeit derjenigen Dinge verursachen, zwischen welche es eingeschoben wird.

Nun aber ist in der Natur keine solche Veränderung möglich, weil alles was ist und geschieht seinen angemeßnen Ort und seinen ebenso angemeßnen Augenblik hat, so daß es auf einem andern Plaze und in einem andern Augenblike weder selbst gewirkt werden noch das wirken kan, was es wirken soll.

Folglich sind Wunder undenkbar! ...

Die Gesetze der Natur sind ewig und unveränderlich. Wunder heben sie auf.

Also sind Wunder unmöglich!«[60]

Soweit die Exegese und das Wunderverständnis von Carl-Friedrich Bahrdt. Sein Anliegen ist deutlich geworden und seine Ausführungen bedürfen keiner weiteren Erläuterung.

Wir sollten noch festhalten, daß Bahrdt zwar die übernatürliche Ursache eines Geschehens kategorisch ablehnt, aber von der historischen Wahrheit der Geschichten überzeugt ist.

Aber was ist eigentlich gewonnen durch diesen neuartigen Ansatz der Bibelauslegung?

Ist man nicht vielmehr vom Regen in die Traufe gekommen?

Die Wunder sind überstanden, aber ist nicht auch der Schriftsinn verschwunden?

## Strauß

Der Anfang des 19. Jahrhunderts brachte die entscheidende Wende in der Wunderdiskussion.

Beide Antworten, die bisher auf die Frage, ob die biblischen Wunder tatsächlich geschehen seien, vorlagen, konnten nicht befriedigen.

Die erste Erklärungsmöglichkeit, die die Wunder für einen beschleunigten Naturprozeß hielt, war von der Vernunft abgelehnt worden. Sie hatte argumentiert, daß einerseits die Möglichkeit nicht bestritten werden könne, da Gottes Allmacht unbegrenzt und kein Ding bei ihm unmöglich sei; andererseits sei an den Erzählungen der Bibel nicht zu zweifeln, da sie direkt vom Heiligen Geist diktiert worden seien.

Eine solche Argumentation war nicht mehr nachvollziehbar, da sie den Gegensatz zwischen Vernunft und Glaube unerträglich verschärfte.

Die zweite Antwort – jüngeren Datums – auf die Wunderfrage war eine Mischung zwischen Ja und Nein. Einerseits sind die Geschichten sicherlich passiert, daran besteht kein Zweifel.

Andererseits aber sind sie sicherlich nicht so passiert, wie sie berichtet werden.

Die ziemlich naiven Jünger haben sich ganz einfach täuschen lassen. Ihr beschränktes Wissen über die Natur ließ sie überall Wunderbares erkennen, was in Wirklichkeit völlig natürlich zuging.

Eine solche Argumentation war ebenfalls nicht mehr nachvollziehbar, da sie der Spekulation Tür und Tor öffnete. Außerdem ließ sie von den Geschichten eigentlich nichts Erzählenswertes mehr übrig.

Sollte Jesu Ausstrahlungskraft durch ein paar verblüffende Darbietungen oder einige raffinierte Taschenspielertricks begründet sein?

Sollten die Evangelisten nur deshalb so ausführlich über Jesus geschrieben haben, um der Nachwelt zu überliefern, mit welchen Mitteln ihr Meister seine Zeitgenossen hinters Licht geführt habe?

Keineswegs!

Eines stellt man ganz sicher fest, wenn man die Versuche C. F. Bahrdts, die Vorgänge auf natürliche Ursachen zurückzuführen, beobachtet: Die Geschichten wurden gerade wegen des Wunders erzählt.

Sie enthalten eigentlich keine andere Botschaft, als daß Jesus Wunder wirkte.

Diese Überlegungen und Gegenüberstellungen der verschiedenen Lösungsmöglichkeiten machten bald eine dritte Antwort auf die Wunderfrage denkbar.

1835 erschien das sensationellste Buch der protestantischen Theologie des letzten Jahrhunderts: »Das Leben Jesu, kritisch bearbeitet von Dr. David Friedrich Strauß« (1808–1874).

Der 27jährige Tübinger Gelehrte hatte den Mut, seine Überlegungen zu diesem Thema öffentlich darzulegen. Er nahm dafür in Kauf, daß seine eben erst begonnene theologische Karriere gestoppt wurde, hatte er doch einer großen Erkenntnis den Weg geebnet.

Strauß sagte sich, wenn die Wundergeschichten nicht auf natürliche Art geschehen sind, doch andererseits nicht auf übernatürliche Weise geschehen konnten, dann werden sie überhaupt nicht geschehen sein.

Strauß vertritt die Meinung: Die Wundergeschichten sind erdichtet!

Er kommt zu dieser, für viele erschreckenden Einsicht, indem er die Wundergeschichten peinlich genau unter Berücksichtigung der beiden Erklärungsmodelle, die bisher vorlagen, untersucht.

Am Beispiel der wunderbaren Brotvermehrung kann man seine Arbeitsweise gut darstellen.

Zunächst prüft er die konservative Auffassung, die das Wunder verteidigt und es als einen beschleunigten Naturprozeß begreift.

»Ein beschleunigter Naturproceß wäre es gewesen, wenn in Jesu Hand je ein Korn hundertfältige Frucht getragen und zur Reife gebracht, und er die vermehrten Körner aus immer vollen Händen dem Volke hingeschüttet hätte, um sie von diesem zerreiben, kneten, backen, oder in der Wüste, wo sie waren, roh aus den Hülsen genießen zu lassen; wenn er einen lebendigen Fisch genommen, und die Eier in dessen Leibe plötzlich hervorgerufen, befruchtet und zu ausgewachsenen Fischen gemacht hätte, welche dann die Jünger oder das Volk hätten sieden oder braten mögen.

So hingegen nimmt er nicht Korn in die Hand, sondern Brot, und auch die Fische müssen, so wie sie in Stücken aufgetheilt werden, irgendwie zubereitet, vielleicht ... gebraten, oder eingesalzen gewesen sein. Hier ist also auf beiden Seiten kein reines, lebendiges Naturproduct mehr, sondern ein todtes und durch Kunst modificiertes.

Um ein solches in einem Naturproceß jener Art zu versetzen, hätte Jesus vor allem durch seine Wunderkraft aus dem Brot wieder Körner, aus den Bratfischen wieder rohe und lebende machen, dann geschwind die beschriebene Vermehrung vornehmen, endlich sämtliches Vermehrte vom Naturzustand in den künstlichen zurückversetzen müssen.

So wäre mithin dieses Wunder zusammengesetzt

1. aus einer Wiederbelebung welche alle sonst in den Evangelien erzählte an Miraculosität überträfe;
2. aus einem höchst beschleunigten Naturproceß, und
3. aus einem unsichtbar vorgenommenen und ebenfalls höchst beschleunigten Kunstproceß, indem alle die langen Proceduren des Müllers und Bäckers auf der einen, und des Kochs auf der anderen Seite durch Jesu Wort in einem Augenblick müßten vor sich gegangen sein.«[61]

»Und zur Anschauung kann man sich dann den Vorgang auf die doppelte Art zu bringen suchen, daß man entweder sich vorstellt, so oft ein Brotkuchen und ein Fisch zu Ende war, sei aus den Händen Jesu ein neuer gekommen; oder man denkt sich, die einzelnen Brotkuchen und Fische seien gewachsen, so daß, wie ein Stück abgebrochen wurde, es sich so lange wieder ergänzte, bis berechnetermaßen die Reihe an den folgenden kommen konnte . . .«[62]

Diese radikale Analyse läßt den »beschleunigten Naturprozeß« als eine Täuschung erscheinen. Sobald man sich bildlich vorstellen will, wie es denn nun geschehen sein könnte, wird die Theorie schnell unglaubwürdig.

»Dieses Wunder gehört zu denjenigen, welche nur so lange einigermaßen glaublich erscheinen können, als man sie im Halbdunkel einer unbestimmten Vorstellung zu halten weiß: Sobald man dieselben an's Licht ziehen und in allen Theilen genau anschauen will, lösen sie sich in Nebelgebilde auf.«[63]

Bliebe also noch die natürliche Erklärung! Aber für Strauß sind Spekulationen über etwaige Geheimorganisationen oder ähnliche Erscheinungen eher geeignet, noch mehr Unklarheit ins Spiel zu bringen. Die abenteuerlichen und meist willkürlichen Konstruktionen können das Wunder nicht erklären, sondern weichen ihm aus.

»Auch hier demnach löst die natürliche Erklärung ihre Aufgabe nicht: dem Texte bleibt sein Wunder, und wenn wir Gründe haben, dieses unglaublich zu finden, so müssen wir untersuchen, ob die Erzählung des Textes wirklich Glauben verdiene?«[64]

Im weiteren Verlauf seiner Untersuchungen erstellt Strauß nun Kriterien dafür, ob eine Erzählung als historisch glaubwürdig anzusehen ist oder nicht.

Ein erstes Kriterium ist für ihn die Übereinstimmung eines Geschehens mit den allgemeinen Gesetzen der Natur. Da nichts gegen die Natur geschieht, können Erzählungen über Wunder nichts Historisches enthalten.

Als nächstes muß sichergestellt sein, daß die Geschichte selbst einheitlich überliefert ist. Sind mehrere Quellen vorhanden, die von einem »Ereignis« berichten, so dürfen sie sich nicht widersprechen. (Im vorliegenden Fall muß man feststellen, daß die wunderbare Brotvermehrung in den Evangelien insgesamt sechsmal erzählt wird[65] und daß zwischen den einzelnen Varianten erhebliche Unterschiede und Widersprüche bestehen.)

Weitere Methoden, die Historizität festzustellen, liegen beispielsweise in der Beurteilung der Glaubwürdigkeit des Schriftstellers. So wäre zu fragen: Ist er ansonsten zuverlässig? War er selbst Augenzeuge – oder übernimmt er nur von anderen?

Waren es wenige oder viele, die den Vorgang beobachtet haben? – und ähnliches mehr.

Eine solch kritische Untersuchung der biblischen Texte war bisher nicht üblich.

Kein Wunder also, daß das Resultat allgemeine Überraschung, wenn nicht gar Entsetzen auslöste.

Strauß »bewies«: Die biblischen Wunder sind nicht geschehen, sie sind erdichtet!

Doch das eigentliche Verdienst David Friedrich Strauß' liegt in der Beantwortung der Frage nach dem Warum.

Strauß stellt die These auf, daß es den Evangelisten überhaupt nicht auf die exakte Wiedergabe von historischen Ereignissen angekommen sei, sondern daß ihre Absicht darin bestand, Jesus den Messias zu verkündigen. Strauß also vermag die Entstehung von Dichtung oder, besser gesagt, von Mythen in den Evangelien zu begründen und positiv zu erklären.

Die Evangelisten haben die Wunder nicht aufgeschrieben, um ihre Leser hinters Licht zu führen, sondern sie wollten den Juden klarmachen, daß dieser Jesus der erwartete Sohn Gottes sei.

Die Juden erwarteten ihren Messias auf den Wolken des Himmels, als den Herrscher über Himmel und Erde, als politischen Erlöser, als König und als allmächtigen Wundertäter. Das alles wird bereits im Alten Testament deutlich. Doch die Vorstellungen der Juden sind ganz und gar nicht erfüllt worden. Jesus verhält sich völlig anders. Es leuchtet ein, daß die Menschen ihn nicht oder nur zögernd erkennen.

Also helfen die Evangelisten nach. Sie verkünden den Messias so, wie die Juden ihn erwarten. Sie erzählen von Wundertaten, von Verklärung, vom Sprechen Gottes aus den Wolken, von seiner Macht, von seiner Göttlichkeit. Und nicht nur sie erzählen solche Geschichten, sondern sie selbst bekommen Dinge über diesen Jesus erzählt, die vieles mit dem jüdischen Messiasbild zu tun haben.

Ja, so fragt man sich, haben die ersten Christen denn bewußt Lügenmärchen verbreitet, um ihren Jesus als den Messias zu empfehlen?

Dagegen wehrt sich Strauß!

Hier liegt nicht bewußte Erdichtung vor, sondern hier handelt es sich um einen Prozeß, der sich durch die Weitergabe und Entfaltung der Jesustradition vollzog.

»Nachdem einmal ... erst Wenige, dann immer Mehrere dazu gelangt waren, in Jesu den Messias zu sehen, glaubten sie, es müsse an ihm auch alles zugetroffen sein, was man, den alttestamentlichen Weissagungen und Vorbildern und deren landläufiger Auslegung zufolge, von dem Messias erwartete.«[66]

Die Wunder sind also unhistorisch!

Sie sind keine Tatsachen, sondern mythische Verdeutlichungen der christlichen Missionspredigt!

Strauß' Entdeckung und seine mutige Publikation hatte zwei Wirkungen.

Erstens eröffnet er der biblischen Theologie ein Aufgabengebiet, in dem sie heute noch arbeitet. Ihre bleibende Aufgabe besteht seit Strauß darin, herauszufinden, was in der biblischen Überlieferung historische Wahrheit und was deutende Dichtung ist.

Zweitens bedeutete die Publikation seiner Entdeckungen eine grobe Provokation der kirchlichen Lehrmeinung. Er wurde unverzüglich aus seiner Stellung im Tübinger Stift entlassen und in theologischen Diskussionen zum verhaßten Außenseiter gestempelt.

## Offizielle Wortmeldung

Obwohl Strauß evangelischer Theologe war, fanden seine neuen Ideen auch bei den Katholiken große Resonanz. Endlich war eine Möglichkeit aufgezeigt worden, die Wunder und damit auch die biblische Überlieferung wieder zu verstehen und ernst zu nehmen. Die quälende Entscheidung zwischen Vernunft und Glaube war überflüssig geworden. Wenigstens für diejenigen, die sich neben der offiziellen kirchlichen Lehrmeinung noch eine eigene zutrauten.

Doch die Rechnung war ohne den Wirt gemacht!

Seit Beginn der Neuzeit hatte sich das kirchliche Lehramt gegen eine Fülle von modernen Tendenzen in Wissenschaft, Philosophie und Theologie gestellt. In seiner Verantwortung für die Welt sah es seine Aufgabe in der Bewahrung der Tradition, ohne zu erkennen, daß die Tradition nichts in sich Abgeschlossenes ist, sondern je und je aktualisiert werden muß.

Je mehr die Liberalen gegen Macht und Einfluß von Klerikern in der bürgerlichen Gesellschaft Sturm liefen, desto stärker sah die Kirche ihre Stellung als Hüterin der Wahrheit. In der ersten Hälfte des 19. Jahrhunderts stützte sie sich noch auf die Woge der Romantik, welche die religiösen Werte in Reaktion auf den skeptischen Rationalismus des 18. Jahrhunderts wiederentdeckt hatte.

Doch etwa 1850 brach das Zeitalter des Realismus an. In der Philosophie hatte sich der Positivismus durchgesetzt. Es herrschte eine allgemeine Wissenschaftsgläubigkeit. Die Geisteshaltung religiöser Menschen galt als unvereinbar mit dem Denken der experimentellen Wissenschaft. Es schien vielen an der Zeit, Religion durch Wissenschaft zu ersetzen. Die Religion wurde erstmals einer soziologischen Deutung unterzogen und ihre Wirkung in einer gesellschaftlichen und intellektuellen Stagnation gesehen.

Der damalige Papst Pius IX. (1846–1878) sah den einzigen Ausweg aus dieser bedrängenden Situation in einem autoritären Katholizismus.

In einer Atmosphäre wachsender Unruhe und Besorgnis stellte er 1864 einen Katalog von Sätzen auf (»Syllabus«), welche eine umfassende Verurteilung der Irrtümer der modernen Zeit beinhalteten. Diese Zusammenstellung von 80 »Zeitirrtümern«, die vom katholischen Standpunkt aus zu verwerfen waren, wurde jedem Bischof zugesandt, der sie mit einer Loyalitätserklärung zu beantworten hatte.

Verdammt wurden die Lehren des Pantheismus, des Naturalismus und des Rationalismus, der Sozialismus und der Kommunismus ebenso wie die Freimaurerei und jeder Indifferentismus, der alle Religionen als gleichwertig ansah. Besonders scharf wurden der Liberalismus und der ungezügelte Fortschrittsglaube zurückgewiesen.

Wie zu erwarten, blieb die Reaktion nicht aus. Katholiken wie Protestanten beschuldigten den Papst und die katholische Kirche der bewußten Rückständigkeit und Kulturfeindschaft.

Doch die Kirchenleitung ließ sich nicht beirren.

1869 berief der Papst das 1. Vatikanische Konzil ein. Von den insgesamt 51 Vorlagen, die die Kirchenversammlung zur Bearbeitung vorfand, wurden aber nur zwei erledigt. Es waren dies die beiden dogmatischen Konstitutionen über den »Katholischen Glauben« und über die »Unfehlbarkeit des Papstes«.

Die offizielle Lehrmeinung der katholischen Kirche über die Wunderfrage, die auch heute noch volle Gültigkeit hat und jeden Gläubigen auf ihre dogmatische Aussagen verpflichtet, soll uns hier interessieren.

Die wichtigste Feststellung in diesem Zusammenhang besagt,

daß die vernünftige Glaubwürdigkeit der Offenbarung durch göttliche Taten, vor allem durch Wunder und Weissagungen, erweisbar sei.

Doch hören wir den Wortlaut der dogmatischen Konstitution über den katholischen Glauben[67]:

»Da der Mensch von Gott, seinem Schöpfer und Herrn, ganz abhängig und der geschaffene Verstand der unerschaffenen Wahrheit völlig unterworfen ist, sind wir verpflichtet, dem offenbarenden Gott im Glauben vollen Gehorsamsdienst des Verstandes und Willens zu leisten. Diesen Glauben, der der Anfang des menschlichen Heils ist, bekennt die katholische Kirche als eine übernatürliche Tugend, durch die wir auf Antrieb und Beistand der Gnade Gottes glauben, daß das von ihm Geoffenbarte wahr ist, nicht weil wir die innere Wahrheit der Dinge mit dem natürlichen Licht der Vernunft durchschauten, sondern auf die Autorität des offenbarenden Gottes selbst hin, der weder täuschen noch getäuscht werden kann.

›Denn der Glaube ist‹, wie der Apostel sagt, ›die Gewißheit der Dinge, die wir erhoffen, ein sicherer Beweis dessen, was wir nicht sehen‹ (Hebr 11, 1).

Damit trotzdem der Gehorsamsdienst unseres Glaubens der Vernunft entspreche, wollte Gott mit der inneren Hilfe des Heiligen Geistes äußere Erweise seiner Offenbarung verbinden: nämlich göttliche Werke, vor allem Wunder und Weissagungen. Da sie Gottes Allmacht und unermeßliches Wissen in reichem Maß beweisen, sind sie ganz sichere und der Fassungskraft aller angemessene Zeichen der göttlichen Offenbarung. Deshalb wirkte Mose, wirkten die Propheten und ganz besonders Christus, der Herr, selbst viele und offensichtliche Wunder und sagten Zukünftiges vorher. Von den Aposteln lesen wir: ›Sie zogen hin und predigten überall, und der Herr wirkte mit ihnen und bekräftigte ihre Worte durch nachfolgende Wunder‹ (Mk 16, 20). Und wieder heißt es: ›Wir haben ein noch sichereres Prophetenwort, und ihr tut gut daran, auf es zu achten, wie auf ein Licht, das an dunklem Orte leuchtet‹« (2 Petr 1, 19).

In den am Ende des dritten Kapitels stehenden Kanones (Regeln) bekräftigen die Konzilsväter die Bedeutung dieser Konstitution, wenn sie ausdrücklich feststellen[68]:

»Wer sagt, die Menschenvernunft sei so unabhängig, daß ihr der Glaube nicht von Gott befohlen werden könne, der sei ausgeschlossen.

Wer sagt, die göttliche Offenbarung könne durch äußere Zeichen nicht glaubwürdig werden, sie müsse durch rein innere Erfahrung eines jeden oder durch persönliche Erleuchtung die Menschen zum Glauben bewegen, der sei ausgeschlossen.

Wer sagt, Wunder könnten nicht geschehen, deshalb seien alle Wunderberichte, auch die in der Heiligen Schrift enthaltenen, unter die Legenden und Mythen zu verweisen; oder die Wunder könnten niemals sicher erkannt werden, und niemals könne durch sie der göttliche Ursprung der christlichen Religion rechtmäßig bewiesen werden, der sei ausgeschlossen.«

Die Sprache läßt an Deutlichkeit nichts zu wünschen übrig. Gegen alle verstandesmäßigen Bedenken dogmatisieren die Konzilsväter die Wunderfrage und ersticken somit die neue wissenschaftliche Bibelforschung im Keim. In der katholischen Theologie verkümmerte die kritische Exegese vollends.

Ein blinder Gehorsam stellte die Alternative zur denkenden Vernunft dar.

Daß die weitere Entwicklung dieser theologischen Disziplin dennoch einen stetigen Auftrieb erfuhr, ist der evangelischen Theologie zu verdenken, die von dieser Konzilskonstitution nicht betroffen war und sich weiterhin bemühte, die Botschaft der Bibel auch dem neuzeitlichen Menschen verständlich zu machen. Dank der protestantischen Initiative arbeiten heute die theologischen Fakultäten beider Konfessionen in der Exegese mit den modernsten Mitteln der Technik und den neuesten Erkenntnissen anderer wissenschaftlicher Fachrichtungen.

Erst 1943 gab Papst Pius XII. (1939–1958) in seinem Rundschreiben »Divino afflante Spiritu« grünes Licht für die Möglichkeit einer Erklärung der Heiligen Schrift nach den Methoden historisch-kritischer Wissenschaft. Er ermunterte die Exegeten nach langer Zeit der Beschränkung und Verdächtigung zu freimütiger Forschung im Lichte gesunder Kritik. Allerdings sollten sie nicht bei archäologischen, literarischen und philologischen Forschungen stehenbleiben, sondern die eigentlichen religiös-theologischen Tiefen der biblischen Überlieferung erschließen.

Trotz der genehmigten Freiheit der Forschung vermag sich das Lehramt nur sehr zögernd die Ergebnisse der Wissenschaft zu eigen zu machen und entsprechende Lehrmeinungen zu äußern. 100 Jahre nach dem Ersten Vatikanum und einer unerhört gewaltigen Entwicklung in den Bibelwissenschaften sind die Antworten auf die Wunderfrage mancherorts unverändert.

Das Zweite Vatikanische Konzil (1962–1965) beschäftigt sich nicht mehr ausdrücklich mit den Wundern und widmet ihnen auch keinen besonderen Abschnitt; es setzt jedoch die Historizität der Wunder Jesu voraus und betont ihre Bedeutung.

So heißt es in der dogmatischen Konstitution über die Kirche: »... die Wunder Jesu erweisen, daß das Reich schon auf Erden angekommen ist.«[69] Das Konzil bezieht sich bei dieser Behauptung auf den Evangelisten Lukas, in dessen Evangelium Jesus einmal sagt: »Wenn ich im Finger Gottes die Dämonen austreibe, ist wahrlich das Reich Gottes zu euch gekommen.«[70]

Und an einer anderen Stelle heißt es in der dogmatischen Konstitution über die göttliche Offenbarung von Jesus Christus: »Er ist es, der durch sein ganzes Dasein und seine ganze Erscheinung durch Worte und Werke, durch Zeichen und Wunder, vor allem aber durch seinen Tod und seine herrliche Auferstehung von den Toten, schließlich durch die Sendung des Geistes der Wahrheit die Offenbarung erfüllt und abschließt und durch göttliches Zeugnis bekräftigt, daß Gott mit uns ist, um uns aus der Finsternis von Sünde und Tod zu befreien und zu ewigem Leben zu erwecken.«[71]

Manches von dem, was wir an Meinungen gehört haben, scheint nicht registriert worden zu sein!

Die unverkennbar positive Entwicklung in der turbulenten Wunderdiskussion wurde zwar durch das erste Vatikanum gestoppt; jedoch kann seit der Mitte unseres Jahrhunderts auch auf katholischer Seite wieder ohne Gewissensbisse geforscht werden. Die letzten Stellungnahmen der offiziellen Kirche im Zweiten Vatikanum, in der die Wunder fraglos selbstverständlich »funktionieren«, sollen uns nicht davon abhalten, den unhaltbaren Gegensatz zwischen Glaube und Vernunft aufzulösen.

Wir müssen weiter fragen: Wie war es eigentlich in der Zeit, in der die biblischen Schriften entstanden sind? Gab es damals schon diese Widersprüche? Was dachte man sich eigentlich dabei, als man Wundergeschichten erzählte? Gab es damals bereits diese Probleme mit den Naturwissenschaften? Wenn ja, wie hat man sie gelöst? – Wenn nein, wie ist dann die Überlieferung eigentlich zu verstehen?

Machen wir uns deshalb wieder an die Arbeit, kritisch weiter zu forschen, um den Wundern auf die Spur zu kommen.

## II. Kapitel

»Wunder müssen in der Ferne gesehen werden, wenn man sie für wahr, so wie Wolken, wenn man sie für feste Körper halten soll.«

Lichtenberg

# Der Geist der Zeit

Die wohl wichtigste Erkenntnis der theologischen Exegese, die ein Verstehen der Bibel ermöglicht, ist die Tatsache, daß die göttliche Offenbarung in der Geschichte stattgefunden hat. Das bedeutet, daß die Schriften der Bibel, die der Christ als Heilige Schriften verehrt, nicht plötzlich da waren, sondern im Laufe von Jahrhunderten allmählich entstanden sind.

Das aber heißt konkret, daß die einzelnen Berichte und Erzählungen nicht isoliert betrachtet werden können, sondern in ihrem jeweiligen religions- und kulturgeschichtlichen Kontext gesehen werden müssen.

Von großer Wichtigkeit ist es daher, etwas über den Geist der Zeit, über politische Konstellationen und kulturelle Eigenarten in Erfahrung zu bringen. Das Weltbild und das Weltverständnis der Bibel ist von unserem so verschieden, daß es einer Erläuterung und einer Einführung unbedingt bedarf.

Wenn nun im folgenden der Geist der Zeit unter dem Gesichtspunkt des Wunderverständnisses beleuchtet wird, so ist dies naturgemäß eine einseitige Betrachtung, die aber durch unsere Thematik gerechtfertigt ist.

# Alltägliche Erscheinungen oder Wunder in der Antike

Die geschilderten Probleme, die in der christlichen Zeit, was die Wunder betrifft, entstanden sind, wären für den Menschen der Antike völlig unverständlich gewesen.

Lange bevor Jesus von Nazaret in Palästina auf den Plan tritt, gehören Wunder und Zauberei zum Alltagsleben der Menschen. Überall in der alten Welt begegnet uns ein massiver Wunderglaube.

Aus archaischer Zeit wird von Wundertätern in Griechenland berichtet, deren Seelen den Körper zu verlassen und weite Räume zu überwinden imstande sind. Sie vermögen Kranke zu heilen, die Menschen von Schuld zu befreien, zu dichten (eine göttliche Kunst), Opfer, Kulte und Tempel einzurichten und natürlich Orakel zu geben.

Diese Orakel wurden als Mittel der Willensmitteilung einer Gottheit verstanden. Der schrankenlose Offenbarungsglaube verlangte danach, auf diese Weise direkt von den Göttern klare Anweisungen für das Verhalten und Auskunft über räumlich und zeitlich fernliegende Dinge und Ereignisse zu erhalten. Die Wundertäter, oder an festen Kultstätten die Priester, sind autorisiert und in der Lage, den Willen eines Gottes zu erkennen, indem sie bestimmte Zeichen sachkundig beobachten und deuten.

So eignet sich beispielsweise die Beobachtung des Vogelfluges vorzüglich dazu, aus bestimmten Verhaltensweisen der Tiere den Willen Gottes zu ersehen.

Der rasch aufgeschlitzte Körper eines Tieres galt ebenso als zuverlässiges Zeichen, indem sich die Deutung aus der Lage der Eingeweide ergab. Die Medien zur Orakelvermittlung waren äußerst vielfältig. Meist handelte es sich um Quellen, Tiere, Pflanzen, Seher, Propheten oder einfach um das gewürfelte Los.

Hören wir ein Beispiel von einer Orakelvermittlung aus einem antiken Bericht:

»Manche Orakel machten es den Ratsuchenden schwer. So gab es zum Beispiel in Lebadeia ein Orakel des Trophonios, Sohn des Argonauten Erginos, wo sich der Bittsteller einige Tage zuvor reinigen und in einem Haus, das dem Guten Glück und einem gewissen Guten Geist gewidmet war, wohnen mußte. Im Flusse Herkyna muß er baden und dem Trophonios, seiner Amme Demeter Europa und anderen Gottheiten Opfer darbringen. Dann aß er geweihtes Fleisch, besonders das eines Widders. Dieser Widder wurde dem Schatten des Agamedes, des Bruders des Trophonios, der ihm beim Bau des Tempels des Apollon zu Delphi geholfen hatte, geopfert.

So vorbereitet wurde der Bittsteller von zwei dreizehnjährigen Knaben an den Fluß geführt und dort gebadet und gesalbt. Dann trank er aus einer Quelle, die Wasser der Lethe hieß. Lethe sollte ihn das Vergangene vergessen lassen. Manchmal trank er auch aus einer anderen in der Nähe liegenden Quelle ein Wasser von gegenteiliger Wirkung, das ihm alles Schöne der Vergangenheit ins Gedächtnis zurückrief.

Gekleidet in ländliche Schuhe und in ein Leinengewand, wie ein Opfer mit einem Stirnreif um sein Haupt, näherte er sich dem Orakelschrein.

Der Schrein sah wie ein großer Backofen aus und war sieben Meter tief. Der Bittsteller stieg eine Leiter hinab, fand auf dem Grund eine enge Öffnung, durch die er seine Beine steckte, während er in den Händen Kuchen aus Gerste und Honig hielt.

Ein plötzlicher Ruck an seinen Fußgelenken ließ ihn wie von den Wirbeln eines schnellen Flusses herabgezogen durch die Luft sausen.

In der Dunkelheit erhielt er einen Schlag auf den Schädel, so daß er halb ohnmächtig war.

Ein unsichtbarer Sprecher enthüllte ihm sodann die Zukunft und manch anderes Geheimnis. Dann zog man den Bewußtlosen an den Füßen ans Tageslicht. Die Kuchen blieben zurück.

Auf dem sogenannten Stuhl des Erinnerns verlangte man von ihm, daß er das Gehörte wiederhole.

Endlich, noch immer benommen, kehrte er zurück in das Haus des Guten Geistes, wo er allmählich das Bewußtsein und die Fähigkeit zu lachen wiederfand.«[1]

Der Glaube an übernatürliche Kräfte und zaubernde Mächte begegnet uns in der Literatur des griechischen Kulturraums erstmals in den homerischen Epen. Wir können dort von Göttern oder götterähnlichen Wesen erfahren, die in der Lage sind, die verschiedensten magischen Handlungen zu vollbringen. Dabei brauchten sie nicht einmal irgendwelche Worte oder Formeln zu benutzen, sondern es genügte ihr gedachter Wille, Binde- und Bannzauber auszuüben oder sich und andere zu verwandeln oder unsichtbar zu machen.

Die homerische Zeit kennt vorwiegend den primitiven Zauber in seinen abergläubischen Grundformen, der dazu benutzt wurde, Schaden auf andere herabzurufen, sich selbst davor zu schützen und die verschiedensten Krankheiten zu heilen.

Sogar bis in vorgriechische Zeit reichen Überlieferungen von zauberkundigen Dämonen, die die Macht des bösen Blicks besaßen, das Wetter beherrschten, jeden und alles verzaubern konnten und über die Macht des Gewalt- und Zauberwortes verfügten.

Vom 5. Jahrhundert an mehren sich die Nachrichten und Zeugnisse für eine sehr rege Ausübung der Magie. Interessant dabei ist, daß das Zauberwesen sich sehr gut mit dem Götterglauben vertrug. Die Wundertaten eines Gottes und die Zaubereien eines Magiers wurden also nicht als Konkurrenz gewertet. Götterglaube und Zauberei verschmolzen miteinander! (Ganz anders im späten Christentum, wo die Wunder, die von heidnischen Völkern erzählt wurden, kurzerhand dem Teufel zugeschrieben wurden, um sie so eindeutig von den »einmaligen« Wundern Jesu zu unterscheiden.)

Ganz besonders in abgelegenen Gegenden wie in Thessalien wird von magischen Handlungen berichtet, wo zauberkundige Frauen den Mond zur Erde herunterzwangen. Das Wetter wurde verzaubert und so je nach Bedarf böse Winde abgewehrt oder notwendiger Regen herbeizitiert.

Platon, der größte Dichter Athens, hat das bedenkliche Anwachsen des Zauberwesens seiner Zeit mit Unbehagen verfolgt. Er verurteilte aufs schärfste den Schadenzauber, der z. B. die Fruchtbarkeit eines benachbarten Ackers auf den eigenen herüberzwang. Götterzwänge, Beschwörungen oder Sympathiezauber mit Wachsfiguren, die Dämonenglauben voraussetzten, lehnte er als unzulässig ab.

In der hellenistischen Zeit ersetzen orientalische und starke ägyptische Einflüsse die altertümlichen Formen des griechischen Zauberglaubens durch ein Gemisch ausländischer Magie.

Mit dem Alexanderzug und der Verlagerung des internationalen Lebens nach Alexandria erhielt die griechische Magie ein völlig verändertes Gesicht. Sie ging eine Verbindung ein mit orientalischen Kulten, jüdischer Dämonen- und Engelslehre, chaldäischer Astrologie, mit Vorstellungen gnostischer Zirkel und mit ägyptischer Magie.

Diese erhebliche Erweiterung ließ auch die Stellung des Magiers mit der Zeit anwachsen. Als Meister einer »Wissenschaft«, die sich anmaßte, die Götter und Dämonen des Kosmos nach ihrem Willen zu lenken, stieg er durch seine Kenntnis des letzten Geheimnisses der »heiligen Magie«, der Vereinigung mit der Gottheit, in seinem Ansehen bis zum Wundertäter und gottgleichen Wesen empor. Neben den geschilderten Wundertaten entwickelten sich bei ihm immer stärker auch asketische und moralische Züge.

Zahlreiche Funde der Archäologen geben einen Einblick in die ungeheuere Vielfalt von Wundertaten und Zaubertexten. Die gefundenen »Zauberpapyri«[2], die in den ersten vier Jahrhunderten nach Christus verfaßt wurden, sind bestückt mit magischen Anweisungen. Sie liefern genaue Vorlagen für Wortlaut und Verlauf einfacher wie schwieriger Zaubereien zur Befriedigung aller nur denkbaren menschlichen Wünsche und Begierden. Zumeist dienten sie dem Schutz der eigenen Person und der Abwehr feindlicher Mächte, dem Liebes- und Machtverlangen als auch der Offenbarung und Erkenntnis der Zukunft.

In der gesamten römischen Geschichte spielten Zauber, Magie und Wundertaten ebenfalls eine große Rolle. Wie verbreitet und beliebt der Zauber war, zeigt eine Reihe strengster Gesetze, die noch bis ins 4. Jahrhundert unter Kaiser Theodosius erlassen wurden und Zauberer oder mindestens den Mißbrauch ihrer Kunst bestraften. Man ging rücksichtslos gegen diese Art der »Volksverdummung« vor, da der offizielle römische Kult den Zauberglauben ausschloß. Dennoch waren viele sakrale Zeremonien des öffentlichen Kultes magischen Ursprungs (so z. B. das Einschlagen eines Nagels im Tempel des Jupiter Capitolinus durch einen eigens hierzu ernannten Diktator, um bei Epidemien das Übel zu bannen).

In der Antike waren also Wunder keineswegs, wie für uns heute, etwas Ungewöhnliches oder gar etwas Unmögliches. Der Glaube an Wunder und das Verlangen nach Wundergeschichten waren in allen Schichten des Volkes verbreitet. Alles, was unfaßbar und unerklärlich schien, wurde gierig aufgenommen und war nicht im geringsten fragwürdig.

Ebenso wie Platon verurteilte Lukian, ein griechischer Geschichtsschreiber, Philosoph und Spötter seiner Zeit, die tief gesunkene Philosophie. Selbst bei der Intelligenz seines Landes, bei Philosophen und Akademikern, bemerkt er ein rätselhaftes Interesse an den kursierenden Wundergeschichten. Er bezeichnet es als eine krankhafte Sucht, immer wieder Geschichten über wunderliche Ereignisse zu erfinden, um sie dann meist für religiöse Zwecke zu gebrauchen. Mit größter Sorgfalt würden sie mit allen Bürgschaften strengster Vertraulichkeit umkleidet, um sie für jeden glaubhaft zu machen.

In der Tat war eine unglaublich große Zahl von Wundergeschichten im Umlauf. Zuerst entstand in Ägypten eine eigene Kleinliteratur. Es war Brauch, daß an den Tempeln ägyptischer Heilgötter gewerbsmäßige Schriftsteller für Leute, die des Schreibens unkundig waren, Heilwunder niederschrieben. Konnten die Besucher kein Wunder miterleben oder wurden sie wider Erwarten nicht von einer Krankheit geheilt (!), so kauften sie diese Beschreibungen von Heilungen und Niederschriften empfangener Prophezeiungen, um wenigstens so einen Beleg für die Macht der Gottheit in Händen zu halten und ihre Hoffnung auf die Zauberkraft wachzuhalten.

Diese Sitte wurde nach Griechenland importiert. Die Wunder wurden hier vor allem an den Kultstätten der Heilgötter erwartet. So z. B. in Epidauros, wo Gott Asklepios im Schlaf bzw. im Traum heilte. Daß er ebenso Strafwunder wirkte und Orakel gab, versteht sich von selbst.

Hier ein Beispiel einer Wundergeschichte, die in Epidauros gefunden wurde:

»Als sie (Kleo) bereits fünf Jahre schwanger war, wandte sie sich hilfesuchend an den Gott (Asklepios) und schlief im Allerheiligsten. Sobald sie wieder herausgekommen war und sich aus dem heiligen Bezirk entfernt hatte, gebar sie einen Knaben, der sofort nach der Geburt sich selbst an der Quelle wusch und mit der Mutter herumlief. Als sie solcher Gnade teilhaftig geworden war, ließ sie auf das (von ihr gestiftete) Weihegeschenk folgende Inschrift setzen:

Nicht die Größe des Steins ist wunderbar, sondern die Gottheit!

Kleo trug fünf Jahre die Bürde unter dem Herzen, bis sie hier schlief und der Gott Heilung der Kranken verlieh.«[3]

Die Priester an den Tempeln, meist keine schlechten Geschäftsleute, sammelten fleißig angebliche Zeugnisse von Heilungen und stellten sie an den Kultstätten auf. Diese Wunderliteratur diente als Ermunterung für die Hilfesuchenden und als Propagandamittel für die Zuverlässigkeit der Heilstätte.

Pausanias, ein griechischer Schriftsteller im 2. Jahrhundert v. Chr., der die Priester und die Fremdenführer an den Tempeln lange studiert hatte, meint dazu:

»Die Exegeten wissen, daß sie nicht alles der Wahrheit gemäß sagen, sie sagen es aber doch, denn es ist nicht leicht, die Menge vom Gegenteil dessen zu überzeugen, was sie nun einmal glaubt.«[4]

Lukian, der es besonders auf den Aberglauben des Volkes abgesehen hat, meint:

»Die Touristen nämlich wollen die Wahrheit nicht einmal umsonst hören.«[5]

Bei seinen Besuchen an den Tempeln befaßte er sich eingehend mit der Wunderliteratur und mit den Empfehlungen der Priester, die eine so große Menge von eindeutigen Unwahrheiten enthielten, daß er sich wunderte, wie begierig diese von den Besuchern aufgenommen wurden.

Der Alltag war vom Aberglauben geprägt.

Geheimkulte, Zauberei und Prophetie blühten.

An das Erscheinen von Göttern glaubte man allgemein. Alles, was geschah und nicht unmittelbar auf ein menschliches Handeln zurückgeführt werden konnte, galt als von den Göttern gewirkt.

Als ein Beispiel dafür, wie sehr man ständig mit dem Handeln der Götter rechnete, läßt sich der »Deus ex machina« des antiken Theaters nennen. Es gehörte zu einer gern geübten Gepflogenheit in der Dichtung, während einer verfahrenen Handlung oder gegen Ende der Darstellung einer menschlichen Tragödie plötzlich Götter oder Dämonen auftauchen zu lassen, die der Handlung eine irreale Wendung gaben und unlösbare Probleme beseitigten.

Mit einer Theatermaschinerie schwenkte man einen Korb über das Dach des Bühnengebäudes heraus und ließ einen »Gott« (Gott aus der Maschine) auf die Bühne herab, der nun durch einen weisen Spruch oder durch Zauberei drohendes Unheil zum Guten wendete.

Der Dichter Euripides benutzte meist diese Götter, um am Ende seiner Tragödien einen unlösbaren Konflikt durch Götterbefehl in die von der Sage vorgesehene Bahn zu lenken.

Ernst zu nehmende und oft tiefreligiöse Männer verübten in ihren Schriften und Erzählungen bewußt Fälschungen, ohne diese allerdings als Fälschung in unserem Sinn zu empfinden.

Das Wunder und die Zauberei wurde durchaus real als Werk eines Gottes aufgefaßt. Und diese Auffassung von Gottes Handeln machte es zum Drang und zur Pflicht, davon zu erzählen.

Der Schriftsteller verstand sich nicht nur als jemand, der die Tradition weitergab, sondern für die freie Gestaltung seiner Erzählung benötigte er laufend Muster und Vorbilder, die er eben auch in den kursierenden Wundergeschichten fand.

Neben der religiösen Erbauung als Zweck seiner Erzählung war für ihn in stärkerem oder schwächerem Maße eben auch der Wunsch maßgebend, Staunen hervorzurufen.

Von einigen Historikern wurde öffentlich die Frage aufgeworfen, ob es eigentlich erlaubt sei, daß die Dichtung und auch die Geschichtsschreibung (die wesentlich mehr miteinander zu tun haben als heute) immer wieder auf Wunder zurückgreife. Es erschien ihnen skandalös, daß die Literatur den Aberglauben des »gemeinen Volkes« übernahm.

Diesen aufklärerischen Tendenzen stand jedoch ein andersgeartetes literarisches Interesse gegenüber, eine ästhetische Theorie, die dem Dichter eine andere Wahrheit zugestand. Die Erzählung diente sowohl dem Nutzen als auch dem Ergötzen. Es war völlig legitim, wundersame Erzählungen in historische Abhandlungen einzuflechten, mit dem Ziel, zu erklären, zu überzeugen oder einfach zu wirken.

Mit der Zeit bildete sich ein fester Schatz an Erzählungen heraus, der immer wieder durch mündliche Tradition (Weitererzählen) ergänzt und überliefert wurde.

Als Urtyp dieser Wundergeschichten lassen sich die Odyssee und die Mythen bei Herodot und Ktesias nennen.

Berichte von abenteuerlichen Fahrten in fremde Länder, von Menschenfressern und Fabelwesen und von Naturwundern entwickelten mit der Zeit ihren eigenen Stil und wurden immer wieder ergänzt, variiert und gesteigert. Der Phantasie waren keine Grenzen gesetzt. Alles war möglich – alles wurde geglaubt!

»In den Bereich dämonischen Glaubens gehörte auch die Deutung ganz natürlicher und normaler Naturvorgänge im Sinne eines zeichenhaften Einbruchs der Überwelt. So betrachtete z. B. Aristoteles das Niesen als etwas Göttliches und Ominöses. Man sah darin entweder das Verschwinden des Krankheitsdämons oder ein glückhaftes Omen.

So erklärt sich der Zuruf ›Zeus hilf! Sei gesund!‹ Als Xenophon in der Versammlung der zehntausend Söldner die Lage hoffnungsvoll beurteilte und einer der Anwesenden niesen mußte, streckten alle betend die Hände zu den Göttern empor, und Yenophon rief: ›Krieger! Zeus, der Retter, hat uns eben ein glückliches Omen gesandt!‹«[6]

Wir hörten bereits, daß sich eine eigene Kleinliteratur gebildet hatte, die an den Tempeln der Heilgötter vertrieben wurde. Aber dies war nicht die einzige Quelle für die ungeheuere Zahl von Wundererzählungen.

Überall in der alten Welt, in Ägypten, in Syrien-Palästina, in Griechenland und in allen Teilen des Römischen Reiches zogen Weise, Seher, Heilsverkünder, Inspirierte, Wundertäter, Traumdeuter und Märchenerzähler umher. Über einige von ihnen sind Wundertaten berichtet. Andere zogen wie Bänkelsänger durchs Land und unterhielten vor Tempeln oder auf Marktplätzen das Volk mit ihren Geschichten.

Überall trafen sie auf ein reiches Publikum. Wir wissen von Orientalen, die bis nach Griechenland und Rom wanderten.

Der bunte Märchenton ihrer Erzählungen, der nicht selten an »Tausend und eine Nacht« erinnerte, ergötzte die Hörer. Dabei wurden oft religiöse Erzählungen zur Unterhaltung zweckentfremdet. Die dramatischen Aufführungen der »Wanderung des Osiris durch die Unterwelt« beispielsweise, die in Ägypten religiösem Zweck dienten, wurden in Rom zur Belustigung des Volkes vorgeführt.

# Die Gottesmänner der Antike

Sämtliche Lebensbeschreibungen berühmter Männer strotzten von Wundertaten, Erscheinungen und Beweisen der übernatürlichen Kraft, die ihnen die Götter selbst verliehen hatten. Ihre Besonderheit und Andersartigkeit wurde dadurch manifestiert und begründet.

Es wird berichtet, daß sowohl ihr Leben von Wunderereignissen begleitet war, als auch, daß sie selbst Wunder wirkten.

»Ein weit verbreitetes Motiv ist zunächst die Betonung der Geburt des Heroen durch Wunderzeichen, d. h. der wunderhafte Hinweis auf die künftige Bedeutung durch wunderhafte Geschehnisse bei der Geburt. Alexander der Große z. B., der Gründer eines Weltreiches, erschien Mit- und Nachwelt als Göttersohn. Die künftige Bedeutung und seine wunderbare Abstammung ahnte sein Vater Philipp, als er bei seiner Geburt eine Schlange bemerkte, eine Erscheinungsform des Gottes Apollo.

Göttergeliebte Kinder werden wunderbar behütet. Auch dies ist ein verbreitetes Motiv, Persönlichkeiten, die später zu Bedeutung kamen, oder Gestalten des Mythos als Kinder in Lebensgefahr zu zeigen, aus der sie dann wunderhaft gerettet werden.

Jamos, Apollos Sohn, wurde nach Pindar von Schlangen gespeist. Die Söhne des Neptun und der Menalippe wurden ausgesetzt und von einer Kuh gesäugt.

Plutarch berichtet in seinem ›Leben des Romulus‹ wunderbare Dinge beim Tode des Romulus, so z. B. daß die Sonne damals ihren Schein verlor.

Auch bei Caesars Tod soll, wie Aurelius Victor in seiner römischen Geschichte erwähnt, Ähnliches geschehen sein.

Auch Pythagoras gewann durch seine Weisheit göttliches Ansehen, so daß man ihn als Sohn des Apollo betrachtete und von ihm auch aktive Wundertaten berichtete: Krankenheilungen, Stillung des Meeres, Zugleichsein an mehreren Orten. Es wird berichtet, daß er mit einem Fluß redete, der ihm antwortete, und wilde Tiere besänftigte ...

Plutarch erwähnt den Volksglauben an eine Erscheinung des mithin auferstandenen Romulus. Auch von der Mutter des Herkules nahm, wiederum nach Plutarch, der Volksglaube ein Erweckungswunder an.

Ovid und Vergil berichten von Vergöttlichung und Himmelfahrt des Aeneas, Caesar, Augustus usw.«[7]

Bliebe noch zu berichten von dem sagenumwobenen Apollonios von Tyana, der etwa 3 v. Chr. geboren wurde und somit ein Zeitgenosse Jesu war.

»Bereits bei seiner Geburt wird Apollonios von himmlischen Erscheinungen umschwebt. Als Knabe ist er im Tempel zu Hause und alle entsetzen sich über seine Weisheit. Später zieht er, von Jüngern begleitet, predigend durch Kleinasien, Syrien, Griechenland bis nach Rom. Infolge seiner Taten kommt er in den Ruf der Göttlichkeit und tritt auch selbst als Gott und Gottgesandter auf.

Ethische Fragen stehen im Mittelpunkt seiner Reformbestrebungen. Er bessert das Leben vieler Menschen. Er lehnt die blutigen Opfer ab. Er treibt aus einem jungen Mann die bösen Geister aus und gewinnt in ihm einen Nachfolger. Er weist in Rhodos einen reichen Jüngling auf die Wertlosigkeit des Reichtums hin. Im Asklepiostempel in Ägae durchschaut er einen schlechten Menschen, der reiche Opfer bringt. Er kennt sogar die Gedanken der Menschen. Er stillt einen Sturm auf dem Meer, bewirkt das Aufhören eines Erdbebens, er heilt Lahme, Blinde, treibt Dämonen aus. In Rom erweckt er ein Mädchen, das eben begraben werden soll, zum Leben.

Den Gefährten kündigt er seine Gefangennahme und Verurteilung an. Und nach seiner Auferstehung wird von seiner Himmelfahrt berichtet.«[8]

Diese Geschichten waren damals überall bekannt und galten als durchaus glaubhaft. So war es auch keineswegs ungewöhnlich, daß in den großen Religionen des Altertums immer wieder Menschen auftraten, die von einer Gottheit ergriffen waren und vorgaben, im Auftrag ihres Gottes zu sprechen. Diese Art von Prophetismus ist bis ins zweite Jahrtausend v. Chr. in Mari am Euphrat und Byblos in Phönizien bekannt.

Die Bibel selbst berichtet von 450 Baalspropheten, die von Elija vernichtet wurden[9]. Es handelte sich dabei um eine Gruppe wilder Ekstatiker, die behaupteten, im Namen Gottes zu reden. Unter erregender Musik[10] gerieten diese Propheten in Zustände allgemeiner Verzückung und Raserei, die auf ihre Zuhörer ansteckend wirkten[11].

In einer Zeit, in der beinahe jede außergewöhnliche Tätigkeit auf einen göttlichen Auftrag zurückgeführt wurde, war es nur normal, daß jeder, der mit einem künstlerischen, religiösen oder politischen Anspruch auftrat, dazu aufgefordert wurde, seine Kompetenz auf seinem Gebiet zu »beweisen«.

Als Beweis galt die besondere Begnadetheit durch die Götter, die sich wiederum durch die Fähigkeit zur Zauberei oder Weissagung erkennen ließ.

Lange vor den christlichen Missionaren, den Sendboten der neuen Religion, zogen im Bereich des alt- und neuarabischen Nomadentums ägyptische Wundertäter und Propheten durch die Länder. Es handelte sich um Zauberer und Wahrsager.

Ihre Reisen waren meist rein geschäftlicher Natur, und ihre »Fähigkeiten« brachten ihnen materiellen Lohn und Ehre zugleich. Sie gaben sich als Boten oder gar als Verkörperung einer Gottheit aus. Wunder dienten ihnen dazu, ihre Verkündigung zu bekräftigen und ihre Sendung und Kompetenz zu beweisen.

Als »Männer Gottes« wurden sie von den verschiedenen Stämmen engagiert, um in Schwierigkeiten zu helfen.

Die Aufgaben erstreckten sich von der Heilung gefährlicher Krankheiten über Lösung juristischer Probleme bis hin zur Bewältigung militärischer Konflikte. Sie sprachen Zauberformeln, verkündeten Worte ihres Gottes und prophezeiten Sieg oder Untergang der Feinde.

Da in den meisten Fällen die Auswirkung der Hilfe erst zu einem Zeitpunkt erwartet werden konnte, an dem der Gottesmann bereits wieder weitergezogen war, bedeutete es für die Stämme ein erhebliches finanzielles Risiko, einen solchen zu engagieren.

Aus diesem Grunde wollte man sich absichern. Man verlangte daher, quasi als Garantie für den Erfolg, einen Beweis seiner Macht. Hierbei handelte es sich gewöhnlich um Zauberkunststücke oder um wahrsagerische Leistungen, die unmittelbar überprüft werden konnten.

Gelang es dem Gottesmann, seine »Kunden« zu verblüffen, waren also seine Darbietungen überzeugend, so wurde er engagiert und als Wundertäter oder Prophet anerkannt und geachtet.

Konnte er dagegen nicht überzeugen, waren seine Tricks oder

magischen Künste unzureichend, oder wurden sie durchschaut, so mußte er mit empfindlichem Spott rechnen. Eine Verdienstquelle war für ihn verloren, und er wurde als Magier mißachtet und vertrieben.

# Antike und Altes Testament

Hier nun werden die antiken Wunderberichte für uns interessant. Es zeigt sich nämlich, daß das Phänomen »Wunder« nicht nur auch in außerbiblischen Zeugnissen zu finden ist, sondern daß die antiken Wundergeschichten in den Schriften der Inder, Perser, Babylonier, Ägypter und der spätantiken hellenistisch geprägten Welt eine frappierende Ähnlichkeit mit den Berichten des Alten und Neuen Testamentes haben.

Und nicht nur das! Es ist heute unter den Wissenschaftlern sogar allgemein anerkannt, daß viele antike Wundergeschichten den biblischen Schriftstellern als Vorlage gedient haben.

Dies ist nun an einigen charakteristischen Beispielen zu belegen:

Im ersten Buch Samuel[12] findet sich ein gutes Beispiel für die Legitimation eines Gottesmannes: Der Prophet Samuel hat den Auftrag, Saul ein Gotteswort zu verkünden. Er weissagt Saul die Königsherrschaft über Israel.

(Wir befinden uns hier am Beginn der Königszeit Sauls ca. 1030 v. Chr.

Man schätzt, daß die beiden Bücher Samuel komplett um ca. 700 v. Chr. verfaßt wurden. Dazwischen liegen also ca. 300 Jahre, in denen von Generation zu Generation die geschichtlichen Ereignisse weitererzählt wurden.

In der Rückschau ist nun der Werdegang und die historische Bedeutung vergangener Persönlichkeiten bekannt. Daher kann man den geschichtlichen Ablauf der Ereignisse gleichzeitig deuten.

Wenn nun Saul und mit ihm die Könige Israels jeweils von einem Gottesmann gesalbt werden und ihnen somit ein sakraler Charakter verliehen wird, so wird dadurch deutlich gemacht, daß Jahwe, der Gott Israels, die Geschichte seines Volkes lenkt und einzelne Menschen bestimmt, um eine wichtige Funktion in diesem Volk zu übernehmen.)

Als Sicherheit dafür, daß Samuel tatsächlich ein echter Gottesmann ist und daß Gott tatsächlich Saul zum »Fürsten über sein Erbteil gesalbt hat«, folgen nun einige »Beweise« in Form von Weissagungen.

Samuel sagt präzise voraus, daß Saul in den nächsten Tagen ganz bestimmte Männer treffen wird. Er nennt ihm bereits die Gespräche, die geführt werden, und beschreibt peinlich genau die Treffpunkte.

Für den Fall, daß diese Vorhersagen eintreffen, ist bewiesen, daß Samuel ein von Gott beauftragter Prophet ist und daß Gott Saul tatsächlich zum König machen wird.

Der Schluß der Geschichte bestätigt dies dann auch, indem es heißt: »Sobald er (Saul) nun den Rücken gewandt hatte, um von Samuel fortzugehen, da wandelte ihm Gott sein Herz in ein neues um, und es trafen alle jene Zeichen an diesem Tage ein.«

Das Alte Testament ist die großartige kulturelle Leistung der israelitischen Stämme. In ca. 1000 Jahren (man rechnet mit einem Entstehungszeitraum von 1200–100 v. Chr.) entstanden die einzelnen Bücher, in denen uns heute meist unbekannte Schriftsteller die Geschichte ihres Volkes aufgeschrieben haben.

Sie wurden dabei weniger von der Absicht geleitet, die historische Entwicklung der Geschichte ihres Volkes exakt wiederzugeben; sie wollten vielmehr verdeutlichen, daß Israel das auserwählte Volk seines Gottes Jahwe ist.

Es galt darzustellen, daß Jahwe sein Volk erschaffen hat und es niemals im Stich läßt. Er lenkt die Geschichte und bestimmt das Werden und Wachsen in der Geschichte.

Dabei bleibt er nicht im Hintergrund, seiner eigenen Majestät ergeben, wie die Götzen der Nachbarvölker, sondern er engagiert sich für sein Volk. Er gibt sich zu erkennen als der wahre und einzige Gott. Er spricht zu seinem Volk und handelt konkret an ihm. Alles was in und durch Israel geschieht, hat seine Ursache im Wirken des einen Gottes.

Um diese enge Beziehung der Israeliten zu ihrem Gott, Jahwe, deutlich zu machen und zu beschreiben, bedurfte es der Artikulation in der menschlichen Sprache.

In Geschichten, Liedern und Gebeten fand Israel seine Art, von Gott und seinem Volk zu sprechen. Dabei bediente man sich durchaus geläufiger Darstellungsformen und allgemein bekannter Allegorien.

So war es auch selbstverständlich, daß Israel ebenso wie alle anderen Völker über Propheten und Gottesmänner verfügte.

Die Funktion dieser inspirierten Männer war über Jahrhunderte im israelischen Volk verankert, und die Erzählungen über sie bildeten einen festen Bestandteil der mündlichen Tradition. Kein Wunder also, daß sie eine bedeutende Rolle in den Erzählungen des Gottesvolkes einnahmen.

Um einen Propheten Jahwes allerdings deutlich von all den anderen Gottesmännern der Alten Welt zu unterscheiden, erhielt die Art ihrer Legitimation in den Erzählungen eine entscheidende Ergänzung. Bisher verlangte man lediglich »Wunder« oder »Weissagungen«, um einen wahren Gottgesandten von den vielen Scharlatanen zu unterscheiden.

Bevor nun aber in Israel ein Mann als Prophet anerkannt wurde, verlangte man von ihm zusätzlich ein ausdrückliches Bekenntnis zu Jahwe.

Die alttestamentlichen Erzählungen über Gottesmänner waren nicht mehr Selbstzweck, wie sonst in der Antike, sondern sie erfüllten eine theologische Funktion.

In den Gottesmännern Israels, in den Volksführern, Propheten und Königen sah man eine Mitteilungsform Gottes. Neben der Vorstellung eines direkten, unmittelbaren Eingreifens Gottes übernahmen einzelne Auserwählte die Funktion, den Willen Jahwes zu verkünden und zu praktizieren.

Diese Mittlerfunktion zwischen Gott und den Menschen wird in den alttestamentlichen Erzählungen immer wieder ausdrücklich betont.

So unterscheidet sich der Prophet Israels eben auch dadurch von seinem heidnischen Vorbild, daß er seine Kraft nicht aus sich selbst, sondern von Jahwe empfängt; daß Jahwe durch ihn wirkt.

Weil die damals geläufige Vorstellung von einzelnen besonders befähigten Menschen, die über außergewöhnliche Kräfte verfügen, auch in der völlig neuen und einmaligen israelischen Religion ihren Platz behauptet, erhält auch das Wunder einen neuen Charakter.

Neben der Legitimation des von Gott gesandten Propheten bezeichnet das Wunder die unmittelbare Erfahrung göttlicher Gegenwart. Gott gibt sich darin als der Herr der von ihm geschaffenen Welt zu erkennen.

In diesem Sinne spricht die Bibel eben auch vom Wunder als einem »Zeichen«.

So werden zwar die jedermann bekannten Wundergeschichten in die alttestamentlichen Erzählungen übernommen und eingeflochten, bekommen aber hier eine völlig neue Funktion.

Jahwe-Gott wird als der Handelnde erkannt, als die Ursache all jener wunderbaren Ereignisse.

So wird mit großer Ehrfurcht in einer Dankeslitanei die Erschaffung des Himmels und der Erde durch Jahwe geschildert[13], sowie das Wunder der menschlichen Existenz[14], das immer wieder Erstaunen hervorruft. Daß die Welt so ist, wie sie sich darstellt, daß der Mensch so existiert, wie er sich begreift, wird bereits als das größte Wunder begriffen.

Im Buch Exodus wirkt Jahwe durch Mose und Aaron zahlreiche Wunder, um das Volk der Israeliten aus der Gefangenschaft der ägyptischen Pharaonen zu befreien[15]. Es heißt dort:

»Jahwe aber sagte zu Mose: ›Siehe, ich mache dich dem Pharao gegenüber zum Gott, und Aaron, dein Bruder, soll dein Prophet sein. Du sollst ihm alles sagen, was ich dir auftrage. Und dein Bruder Aaron soll es dem Pharao vortragen, damit er die Israeliten aus seinem Land entläßt.«[16] (Sehr schön verdeutlicht diese Erzählung aus der Retrospektive einerseits die Gottbegnadetheit des Mose, die besondere Legitimation des Aaron und andererseits Gottes Heilshandeln als die letzte Ursache menschlicher Geschichte.)

Um keinen Zweifel darüber aufkommen zu lassen, daß Gott Jahwe der uneingeschränkte Herr des Menschen ist und nichts geschieht, was er nicht bereits von sich aus verursacht, fährt die Geschichte fort:

»Ich aber werde das Herz des Pharaos verhärten und viele Zeichen und Wunder im Land Ägypten wirken. Da der Pharao nicht auf euch hören wird, werde ich meine Hand an Ägypten legen und durch große Strafgerichte meine Heerscharen, mein Volk, die Israeliten aus Ägypten herausführen.«[17]

Es folgen nun einzelne Erzählungen über die angekündigten Wunder.

Anfangs können die Zauberer des Pharao durchaus mithalten. Wenn Jahwe einen Stab zu einer Schlange werden läßt, so vermögen sie dasselbe. Ebenso verwandeln sie ohne große Mühe Wasser in Blut, wie Aaron es auf Jahwes Geheiß tut. Als Jahwe das Land der Ägypter vollkommen mit Fröschen bedeckt, da sprechen die Zauberer nur einige magische Formeln und ebenfalls kommen Frösche über das ganze Land.

Bis dahin also nur Wunder, die niemanden verwundern.

Dann aber folgt eine ganze Kette von Wundertaten Gottes, die die ägyptischen Zauberer nicht zu vollbringen vermögen.

Jahwe schickt Stechmücken, Bremsen, eine große Viehseuche, Geschwüre, Hagel und andere Plagen mehr, und die Wundergewaltigen des Pharao stehen ratlos davor.

Jetzt wird also deutlich gemacht, daß der Gott der Israeliten über Kräfte verfügt, die alles bisher Erlebte in den Schatten stellen.

Es ist an dieser Stelle anzumerken, daß der damalige Mensch diese Wundergeschichten nicht kritisch hinterfragt, wie wir heute das zu tun versucht sind. Wir könnten es bereits merkwürdig finden, warum ein Magier, der ohne weiteres Frösche herbeizaubern kann, nicht in der Lage sein soll, eine andere Tierart wie Stechmücken oder Bremsen herbeizuzitieren. Der Unterschied zwischen der Wundermacht der ägyptischen Zauberer und der Jahwes scheint also hier recht willkürlich gesetzt.

Aber diese Fragen sind der Materie nicht angemessen. Die Geschichte will nicht einzelne Zauberkunststücke auf ihre Qualität hin untersuchen. Es interessiert sie gar nicht, wie man z. B. Wasser in Blut verwandelt.

Ihre Aufgabe besteht einzig und allein darin, den Gott der Israeliten als den größten, mächtigsten und einzig wahren Herrn dieser Welt herauszustellen, gegen den alle Götzen und alle magischen Fähigkeiten klein und unbedeutend erscheinen.

Im ersten Buch der Könige[18] schickt Jahwe Feuer vom Himmel und verzehrt damit das Brandopfer seines Propheten Elija.

Damit wird vor den Augen aller der bisher angebetete Baal zum Götzen degradiert und Jahwe als der alleinige, wahre Gott offenbar.

»Als das ganze Volk das sah, fielen sie auf ihr Angesicht und sprachen: ›Jahwe ist Gott, Jahwe ist Gott.‹«[19]

Ob nun in den überaus zahlreichen Wundergeschichten entweder versunkenes Eisen zum Schwimmen gebracht wird oder Tote auferstehen, ob ein Esel plötzlich sprechen kann oder ob die Sonne stillsteht, ob der Zeiger einer Sonnenuhr rückwärts geht oder ein Mehltopf nicht mehr leer wird; immer wird damit nur der außerordentliche Charakter eines Geschehens bezeichnet.

Doch so absurd und abenteuerlich viele Erzählungen von Wundern auch sind – nie sollen sie von erstaunlichen Phänomenen als solchen berichten, sondern ihre Funktion liegt darin, den Menschen zur Begegnung mit Gott zu führen.

Um so erstaunlicher die Ereignisse sind, desto mehr erkennt der Mensch seine Abhängigkeit von Gott als der letzten Ursache.

Das Größere, das Übermenschliche wird greifbar und bewußt.

Die Wunder bewirken Glauben an Jahwe.

So läßt die Erzählung den Ijob ausrufen, der die Wundermacht Jahwes zur Genüge kennengelernt hat: »Ich weiß nun, daß du alles kannst und kein Gedanke dir unmöglich ist. Ich war es, der verdunkelt deinen Plan mit Worten, denen die Erkenntnis mangelt. So sprach ich ohne Einsicht, was mir zu wunderbar und ich nicht kannte. So höre also, bitte! Ich will reden! Ich will dich fragen, du belehre mich! Nur durch Gerüchte wußte ich von dir; jetzt aber hat mein Auge dich gesehen.«[20]

Und die Witwe, deren verstorbenen Sohn der Prophet Elija durch die Kraft Jahwes auferstehen ließ, ruft aus: »Nun weiß ich, daß du ein Gottesmann bist und daß Jahwes Wort in deinem Munde Wahrheit ist.«[21]

# Antike und Neues Testament

Wenden wir uns nun den Erzählungen um Jesus und seine Apostel zu, von denen wir in den vier Evangelien und in der Apostelgeschichte lesen, so zeigen sich hier ähnliche Übereinstimmungen mit der heidnischen Literatur.

1904 entdeckten Archäologen einen antiken »demotischen Zauberpapyrus«[22], der einen alten Mythos mit einer Menge Wunderzauber enthält. Die Erzählung geht auf eine ägyptisch-hellenistische Sage zurück. In diesem Schriftstück ist eine umfangreiche mündliche Tradition festgehalten. Eine genaue Untersuchung beweist, daß dieser Mythenschatz eine Vorlage vieler neutestamentlicher Wundererzählungen gewesen ist.

In der Apostelgeschichte[23] lesen wir, wie Petrus von König Herodes gefangengenommen wird und im Kerker stark bewacht auf seine Verurteilung wartet. Plötzlich erscheint ein Engel des Herrn in seiner Zelle, der ihn auffordert, ihm zu folgen.

Noch ehe Petrus erfassen kann, was um ihn herum geschieht, fallen die schweren Ketten von seinen Händen. Unbehelligt kann er an den Wachposten vorbeigehen, und das eiserne Tor des Gefängnisses öffnet sich von selbst.

Eine vergleichende Analyse hat ergeben, daß dieses »Befreiungswunder«, abgesehen davon, daß es ein typisches hellenistisches Wunder ist, beinahe wörtlich aus der heidnischen Vorlage übernommen wurde. Ein recht massiver Zauberglaube ist darin zu finden. Theologen deuteten es später als eine bildliche Darstellung der Befreiung der Seele aus den Fesseln der Sünde oder dem Kerker des Leibes.

In einem anderen Papyrus[24] lesen wir von einem fremden Zauberer, der durch die Luft fliegen kann und auf dem Wasser wandelt.

Eine keineswegs ungewöhnliche Erscheinung! Bereits im Alten Testament hat man gern dieses Wunder verarbeitet: »Es ging dein Weg durch das Meer, es gingen deine Pfade durch große Fluten, und nicht war gesehen die Spur deiner Füße.«[25]

Im Buch Jesaja spricht Jahwe, »der einst durch das Meer eine Straße bahnte und einen Pfad durch mächtige Wasser«[26]: »Gehst du durch Wasser, ich bin bei dir, durch Ströme, sie werden dich nicht überfluten.«[27]

An mehreren Stellen ermöglicht Jahwe, daß sein Volk trockenen Fußes den Jordan durchqueren kann und die Wasser ihm gehorchen[28].

Liest man nun die Geschichte von dem Seewandel Jesu[29], so ist die Ähnlichkeit kaum zu übersehen. Ursprünglich heidnische Wundergeschichten werden bedenkenlos auf Jesus übertragen, um damit seine Größe und Göttlichkeit zu demonstrieren.

Allerdings wird die Vorlage nicht einfach nachgebildet, sondern ergänzt und dramatisch gesteigert. Mattäus erzählt nicht nur, wie Jesus übers Wasser gelaufen ist, sondern er betont diese Leistung noch dadurch, daß er den vergeblichen Versuch des Petrus schildert, ebenfalls das Wasser zu betreten.

Wie jeder andere normale Mensch versinkt der »Kleingläubige« und demonstriert dadurch nur klarer die Überlegenheit Jesu.

Die exorzistischen Praktiken Jesu stellen in der Antike ebenfalls kein Novum dar. Die Austreibung von Dämonen aus besessenen Menschen war ein Lieblingsthema ägyptischer und hellenistischer Wundererzählungen. Abgesehen von einer theologischen Umarbeitung schöpften die Evangelisten voll aus der Tradition.

Und sie hatten wahrlich eine Fülle von Material zur Verfügung. So berichtet eine ägyptische Heilungslegende, über ein Jahrtausend vor Christi Geburt, »daß König Ramses mit dem Fürsten des Landes Bechten nahe befreundet war. Einst sandte dieser einen Boten nach Ägypten, um dem Pharao mitzuteilen, seine Tochter Bentrescht sei erkrankt, er möge einen weisen Mann schicken, der nach ihr sähe.

Der Pharao erfüllte seinen Wunsch, aber sein Gesandter konnte nur feststellen, daß Bentrescht von einem Dämon besessen sei; ihn zu vertreiben war er zu schwach, und er bat deshalb durch eine neue Gesandtschaft, ihm zur Bekämpfung des Dämon einen Gott zu schicken.

Der Pharao ging in den Tempel des Chonsu, des schönen Ruhenden, zu Theben und flehte ihn an, seinen Diener und Boten, den großen Gott Chonsu, den Anführer der Pläne und Vernichter der Bösen, mit seinem Amulett nach Bechten zu entsenden.

In feierlichem Zuge ward dieser Gott (in seinem Standbild) dorthin gesendet; er ging zu der Kranken, gewährte ihr sein Amulett, und alsbald ward sie gesund.

Der Dämon in ihr sprach zu dem Gotte: ›Du kommst in Frieden, großer Gott, Vernichter des Bösen. Dein Land ist Bechten, seine Bewohner sind deine Diener, ich bin dein Diener. Ich werde an den Ort gehen, von dem ich herkam, um dein Herz zu befriedigen, da du ja deswegen hierher gekommen bist. Du mögest aber befehlen, daß der Fürst von Bechten mir ein Fest feiert!‹«[30]

In der gesamten Antike bei Juden und bei Heiden gab es ein ausgebildetes Exorzistenwesen. Überall trieb man Teufel aus und heilte geistige Störungen, Tobsucht und Epilepsie.

Ein weiteres Beispiel liefert uns der jüdische Geschichtsschreiber Josephus Flavius:

»Gott lehrte ihn (d. h. den Salomo) auch die Kunst, böse Geister zum Nutzen und Heile der Menschen zu bannen. Er verfaßte nämlich Sprüche zur Heilung von Krankheiten und Beschwörungsformeln, mit deren Hilfe man die Geister also bändigen und vertreiben kann, daß sie nie mehr zurückkehren. Diese Heilkunst gilt auch jetzt noch viel bei uns. Ich habe z. B. gesehen, wie einer der Unseren, Eleazar mit Namen, in Gegenwart des Vespasianus, seiner Söhne, der Obersten und der übrigen Krieger die von bösen Geistern Besessenen davon befreite.

Die Heilung geschah in folgender Weise:

Er hielt unter die Nase des Besessenen einen Ring, in dem eine von den Wurzeln eingeschlossen war, welche Salomo angegeben hatte, ließ den Kranken daran riechen und zog so den bösen Geist durch die Nase heraus. Der Besessene fiel sogleich zusammen, und Eleazar beschwor dann den Geist, indem er den Namen Salomos und die von ihm verfaßten Sprüche hersagte, nie mehr in den Menschen zurückzukehren.

Um aber den Anwesenden zu beweisen, daß er wirklich solche Gewalt besitze, stellte Eleazar nicht weit davon einen mit Wasser gefüllten Becher oder ein Becken auf und befahl dem bösen Geiste, beim Ausfahren aus dem Menschen dieses umzustoßen und so die Zuschauer davon zu überzeugen, daß er den Menschen verlassen habe.

Das geschah auch in der Tat, und so wurde Salomos Weisheit und Einsicht kund. –

Ich habe hierüber sprechen zu müssen geglaubt, damit allgemein bekannt werde, wie gewaltig der Geist des Königs (d. h. Salomos) und wie wohlgefällig er Gott war, und damit niemand unter der Sonne des Königs ausgezeichnete Tugend verborgen bleibe.«[31]

Nehmen wir noch ein drittes Beispiel, diesmal aus dem Neuen Testament, hinzu. Markus erzählt uns von der Heilung eines Besessenen durch Jesus[32]. Hier ein Ausschnitt[33]:

»Und kaum hatte er Jesus von weitem gesehen, lief er und warf sich vor ihm nieder, und schreiend mit gewaltiger Stimme sagte er: ›Was ist zwischen mir und dir, Jesus, Sohn Gottes, des Höchsten? Ich beschwöre dich bei Gott, quäle mich nicht!‹

Denn gesagt hatte er ihm: ›Fahre aus, du Geist, du unreiner, aus dem Menschen!‹

Und er fragte ihn: ›Was ist dein Name?‹

Und er sagte ihm: ›Legion ist mein Name, denn viele sind wir.‹

Und er ersuchte ihn dringend, daß er sie nicht aussende außerhalb des Landes.

Es war aber dort am Berg eine gewaltige Herde Schweine, die weidete.

Und sie ersuchten ihn und sagten: ›Schicke uns in die Schweine, damit wir in sie hineinfahren!‹

Und er gestattete es ihnen.

Und aus fuhren die Geister, die unreinen, und fuhren hinein in die Schweine, und da stürzte sich die Herde den Abhang hinunter in das Meer, etwa zweitausend, und sie ertranken im Meer.«

Der Vergleich der drei Dokumente dürfte klar die Ähnlichkeiten und Abhängigkeiten aufgezeigt haben. Zunächst einmal setzen alle Exorzismen die Vorstellung voraus, daß ein Dämon als die Personifikation des Bösen von einem Menschen Besitz ergreifen kann.

Alle Arten von Krankheit, vor allem aber geistige Störungen, sind die Folge der Besessenheit.

Wird aber jedes körperliche und geistige Leiden eines Menschen auf die Wirkung eines bösen Geistes zurückgeführt, so leuchtet ein, warum das Exorzistenwesen in der damaligen Zeit so überaus weit verbreitet war. Nicht umsonst also steht uns heute eine große Anzahl von Geschichten über Dämonenbannungen zur Verfügung.

Ein genaues Studium dieser Texte läßt eine weitere Gemeinsamkeit erkennen. Die Technik und das Schema einer solchen Austreibungs- oder Heilungsgeschichte sind vorgegeben und erfahren nur geringfügige Varianten.

Nicht jede einzelne Geschichte paßt in ein bestimmtes Schema, aber im großen und ganzen kann man Übereinstimmungen bis ins Detail feststellen. So wird in der Regel in folgender Reihenfolge erzählt:

a) Zunächst einmal wird die Krankheit beschrieben. Bei Geisteskranken schildert man ausführlich das absonderliche Verhalten des Kranken.
b) Man weist auf das Ausmaß und die Dauer der Krankheit hin und vermittelt so einen Eindruck von der Schwere des Leidens.
c) Dann wird von vielen vergeblichen Heilversuchen berichtet, um dadurch die bevorstehende Heilung noch in ihrer Bedeutung zu unterstreichen und verstärkt auf das Können des Exorzisten hinzuweisen, der ja gleich heilen wird.
d) Meist wird der Glaube an den Heilenden oder den Exorzisten dargestellt. Sein Bekanntheitsgrad und Ansehen deuten auf seine übernatürlichen Fähigkeiten hin.
e) Nun folgen geheimnisvolle Vorbereitungen des Wundertäters, magisch klingende Worte, Beschwörungen und kultische Zeremonien.
f) Von diesen heiligen Handlungen erregt, beginnt der Dämon aus dem Kranken zu sprechen und sich gegen die Beschwörung heftig zu wehren.
g) Schließlich kommt der Dämon nicht darum herum, den Exorzisten als von Gott gesandt anzuerkennen. Er muß ihn beim Namen nennen und ihn als seinen Herrn, gegen den selbst er machtlos ist, akzeptieren.
h) Oft können die Zuschauer an gewissen Veränderungen in der näheren Umgebung feststellen, wann der Dämon aus dem Menschen ausfährt. (In unseren Beispielen stößt der Dämon ein Wasserbecken um oder fährt in die Schweine.)
i) Die Erzählung von der Dämonenbannung und Heilung wird schließlich damit beendet, daß ihr erfolgreicher Verlauf ausdrücklich festgestellt wird. Entweder sind einige Zeugen oder gar eine große Menschenmenge von dem Ereignis »betroffen« und äußern ihr Staunen in einer ehrfurchtsvollen Anerkennung des Wundertäters.

Die Anerkennung am Schluß der Erzählung gilt als Beleg für das Geschehene und als Beweis für die Wahrheit der Erzählung. Dieses für uns dürftige Beweisverfahren erklärt, daß die antike Wundererzählung erst sekundär, wenn überhaupt, ein biographisches und historisches Interesse mit dem Wunder verbindet.

Gehen wir in unserer vergleichenden Analyse zu einer anderen Geschichte über.

Einmal fuhr Jesus mit seinen Jüngern in einem Boot über den See, und ein schwerer Sturm kam auf, der das Wasser derart aufpeitschte, daß die gesamte Mannschaft in Seenot geriet.

Wir lesen dann, daß Jesus sich auch als Herr über die Naturgewalten erweist und der Wind und das Meer ihm gehorchen[34].

Im jerusalemischen Talmud finden wir eine Parallele zu dieser Geschichte:

»Es hat gesagt Rabbi Tanhum'a: Es geschah betreffs eines heidnischen Schiffes, das eine Seereise machte auf dem großen Meer (d. h. dem mittelländischen Meer) und es war in ihm ein jüdisches Kind.

Da stand auf gegen sie ein großer Sturm im Meere, und es stand auf jeder einzelne von ihnen und begann seinen Götzen emporzuheben mit seiner Hand und ihn anzurufen.

Aber es nützte nichts!

Als sie sahen, daß sie nichts nützten, sagten sie zu jenem Juden: mein Sohn, steh auf, rufe zu deinem Gott; denn wir haben gehört, daß er zu euch antwortet, wenn ihr zu ihm schreit, und er ist stark.

Sofort stand das Kind auf mit seinem ganzen Herzen und schrie zu Gott und der Heilige – gepriesen sei er – nahm von ihm an sein Gebet, und es schwieg das Meer.«[35]

In dieser Geschichte vermag also ein beliebiger Judenknabe dasselbe wie Jesus im Neuen Testament! (Im übrigen macht diese jüdische Geschichte sehr schön deutlich, daß es ihr eigentlich gar nicht um das Wunder geht, sondern um die Darstellung der Größe und Übermacht des Gottes Jahwe, der zu seinem Volk, zu jedem einzelnen von ihnen hält.)

Wie Jesus dem Trauerzug des verstorbenen Jünglings von Nain[36] auf dem Weg zu dessen Gruft begegnet, so pflegten auch die jüdischen und heidnischen Wundertäter der Bahre zu begegnen.

Über den Philosophen Apollonios von Tyana, den wir bereits kurz kennengelernt haben, können wir diesbezüglich folgendes erfahren:

»Auch folgendes ist eine Wundertat des Apollonios. Ein zur Ehe reifes Mädchen schien gestorben zu sein, und der Bräutigam folgte der Bahre und jammerte über den frühen Tod seiner Braut. Mit ihm trauerte Rom: denn das Mädchen war aus einem Hause konsularischen Ranges.

Da nun Apollonios dazu kam, sagte er: ›Setzt die Bahre nieder; ich will eure Tränen über das Mädchen trocknen.‹

Zugleich fragte er nach ihrem Namen. Die Leute glaubten, er werde eine Rede halten, wie die Leichenreden sind, welche Trauer und Wehklage wecken. Er aber berührte sie bloß und sagte einige geheime Worte dazu und erweckte so das Mädchen von dem scheinbaren Tode.

Sie gab eine Stimme von sich und kehrte in das Haus ihres Vaters zurück, wie Alcestis, als sie in das Leben zurückgerufen war ... –

Ob er nun einen Funken des Lebens in ihr fand, der den Ärzten unbemerkt geblieben war (denn es soll gesprüht und das Gesicht des Mädchens gedunstet haben), oder ob er das erloschene Leben wieder anfachte und zurückrief, dieses zu entscheiden, ist nicht bloß mir, sondern selbst denen, die dabei waren, unmöglich, auszumitteln.«[37]

Daß auch im Alten Testament[38] von Totenerweckungen berichtet wird, zeigt, daß Jesus hier weder Außergewöhnliches noch nur ihm allein Mögliches vollbracht hat.

Ein anderes Lieblingsthema der heidnischen Literatur war auch die wunderbare Vermehrung von Speisen. Die von Jesus vollbrachte wunderbare Brotvermehrung hat eine auffallende Analogie in einem alten indischen Bericht:

»Sariputra dachte bei sich selbst: Es ist Essenszeit. Was sollen wir diesen vielen Bodhisattva's zu essen geben?

Vimalakirti las seine Gedanken und sprach: ... ›warte einen Augenblick, und ich will euch ein fürstliches Mahl servieren.‹ –

Und Vimalakirti versetzte sich in einen tiefen Trancezustand, ließ seine Wundermacht wirken ... Und Vimalakirti wandte sich zu Sariputra und den anderen Sravaka's und sprach: ›Brüder, greift zu, esset von der süßen, delikaten Speise des Herrn ...‹ Und ein Sravaka, der dabei war, dachte bei sich selbst: Wie soll diese kleine milde Gabe geteilt werden unter die vielen, die hier zugegen sind? ... Und siehe, die ganze Versammlung aß davon und wurden alle satt; und es blieb dennoch, als ob niemand es berührt hätte.«[39]

Die Israeliten wendeten dieses bekannte Wunder bereits auf ihren Propheten Elischa an:

»Es kam aber ein Mann aus Baal-Schalischa und brachte dem Gottesmann Erstlingsbrot, zwanzig Gerstenbrote und Schrotkorn in seinem Sack.

Der befahl: ›Gib es den Leuten zu essen!‹

Sein Diener entgegnete: ›Wie soll ich das hundert Mann vorsetzen?‹

Er aber sagte: ›Gib es den Leuten zu essen; denn also spricht Jahwe: Ihr werdet essen und noch übriglassen!‹

Da setzte er es ihnen vor, und sie aßen und ließen noch übrig, wie Jahwe es gesagt hatte.«[40]

Selbst die Jungfrauengeburt ist keineswegs eine spezifisch christliche Eigenart. Der Mythos von der Jungfrauengeburt findet sich in der ägyptischen Mythologie ebenso wie in Persien, Indien und Südamerika.

Wenn die Antike beinahe jedes Wunder für möglich hielt, wenn alles geglaubt wurde, war es nur überzeugend genug vorgetragen, so die Erzählung von einer Jungfrauengeburt erst recht.

Es war durchaus einleuchtend und keinesfalls ungewöhnlich, wenn erzählt wurde, daß ein außergewöhnlicher Mensch schließlich auch auf außergewöhnliche Art und Weise auf die Welt komme. Man war davon überzeugt, daß eine wunderbare Empfängnis bei einem Weibe durch den Geist eines Gottes bewirkt werden könne. (Wobei man sich diese wunderbare Zeugung meist recht menschlich konkret vorstellte.)

So ist in Ägypten der Pharao als Gott-König wunderbar gezeugt aus dem Geistgott Amon-Re in der Gestalt des regierenden Königs und der jungfräulichen Königin.

Eine alte ägyptische Erzählung zeigt, wie man sich so etwas vorstellte (der Schluß der Geschichte erinnert auffällig an die Verheißung des Engels an Maria):

»Gott Amon will, um Ägypten einen neuen König zu schenken, sich niederlassen zu der, die sein Herz liebt; von Thot geführt schreitet er in Gestalt des Königs zu der Kammer der

›schönsten der Frauen‹; erst in der Liebesvereinigung zeigt er sich ihr in seiner göttlichen Gestalt und die Liebe des Gottes durchdringt alle ihre Glieder.

Sie selbst ist durch diese Vereinigung zur Göttin geworden, zur Isis, und der Gott verheißt ihr beim Scheiden die Geburt des göttlichen Kindes, mit dem er ganz sein wird und das die Erde mit Wohltaten beglücken wird.«[41]

In Griechenland gibt es vorwiegend heilige Eheschließungen zwischen Göttern und Menschentöchtern. Diesen Verbindungen entstammen sowohl geschichtliche Größen wie Homer, Pythagoras, Platon und Augustus als auch Heroen wie Herakles und Perseus.

In Alexandrien feiert man alljährlich am 6. Januar die Geburt des neuen Jahres (Aion) aus der Jungfrau (Kore).

Das Alte Testament weiß um ungewöhnliche Geburten besonderer Menschen, zwar nicht aus jungfräulichem, aber dafür immerhin aus unfruchtbarem Schoß: So verheißt Gott dem Abraham und seiner Frau Sara einen Sohn. Und dieser Sohn, Isaak, wird auch tatsächlich geboren, obwohl Abraham bereits 100 Jahre alt ist und Sara immerhin 90 Jahre[42].

Die Geburt Simsons wird von einem Engel seiner Mutter geweissagt, obwohl diese unfruchtbar war und keine Kinder bekommen konnte[43].

Im Neuen Testament schließlich berichtet uns Lukas von Zacharias und Elisabet, den Eltern Johannes des Täufers: »Sie hatten kein Kind, weil Elisabet unfruchtbar war, und beide waren schon in vorgerücktem Alter.«[44]

Zum Schluß ist zu zeigen, daß auch die Auferstehung Jesu in einem kulturgeschichtlichen Kontext gesehen werden muß.

Die Idee vom Sterben und Wiederauferstehen eines Gottes finden wir im Orient bei verschiedenen Völkern. Eng damit verbunden ist die Hoffnung des Menschen auf Unsterblichkeit.

In Ägypten, dem klassischen Land des Unsterblichkeitsglaubens, ist der »Osiris-Kult« und die von ihm beeinflußte Mysterienlehre ganz von dieser Vorstellung beherrscht.

»Osiris ist der ›erste Tote‹; mit ihm muß sich der Mensch vereinigen, ihn anziehen oder zu ihm werden, dann wird er wie Gott den Tod überwinden.

Wenn Osiris lebt, so lebt auch dieser Mensch, wenn Osiris nicht stirbt (im Jenseits), so stirbt auch dieser Mensch nicht.

So kündet uralt ägyptischer Glaube.«[45]

Diese Beispiele mögen genügen, um zu verdeutlichen, daß die biblischen Schriften nicht isoliert entstanden sind, sondern eine sehr starke Beeinflussung durch ihre antike Umwelt erfahren haben.

Das Wissen darum, daß die christliche Literatur von der stärker entwickelten und schriftstellerisch höher stehenden heidnischen stark beeinflußt worden ist, sollte eine neue Lesart der Heiligen Schrift möglich machen.

Die Wundergeschichten, die damals von jeder bekannten Persönlichkeit erzählt wurden, beweisen zunächst einmal die Popularität Jesu und die Verehrung, die man für ihn empfand.

Man sehe darin nicht länger eine Offenbarung Gottes, sondern betrachte sie als Mittel der damaligen Menschen, göttliche Gegenwart in dieser Welt auszudrücken.

Ferner sollte die Kenntnis der Beziehungen und Abhängigkeiten dazu befähigen, bestimmte christliche Lehren und Inhalte nicht durch kühne Konstruktionen als spezifisch christlich und historisch wahr zu interpretieren und falsche Auslegungsversuche der Heiligen Schrift zu vermeiden.



# III. Kapitel

»Die Wunder, die der Heilige tut,
machen ihm erst einen Namen.«

Volksmund

## Was bleibt?

Der kurze Blick in den kulturgeschichtlichen Kontext der biblischen Wundererzählungen bringt eine gewisse Ratlosigkeit mit sich.

Alles ist schon einmal dagewesen!

Die Evangelien berichten also eigentlich wenig Originelles!

Aber worin liegt dann die Bedeutung ihrer Botschaft? Schließlich erfahren wir von ihnen ja nicht bloß mehr oder minder Interessantes über irgendeinen Menschen, sondern sie stellen uns den »Sohn Gottes« vor!

Man mache sich klar, was dieser ungeheuere Anspruch bedeutet! – Es besteht ein großer Unterschied, ob in den Mythen Griechenlands Heroen und Halbgötter auftreten, die behaupten, einen Gott zum Vater zu haben, oder ob Jesus als der Sohn Gottes verkündet wird.

In der Vorstellungswelt der Griechen gab es fließende Übergänge zwischen Göttern und Menschen. Sie waren gleichsam »Partner«, wenn auch ungleichen Ranges, denn über beiden herrschte das alles regierende Schicksal.

Ganz anders stellt sich die Situation bei Juden und Christen dar. Ihr Gott ist der einzige Gott der gesamten Welt. Er ist der Schöpfer, der Erhalter, der Herrscher über Leben und Tod. Er ist mit dem menschlichen Geist nicht zu fassen – er ist der »ganz Andere«.

Wer behauptet, Sohn dieses Gottes zu sein – ja, von ihm geschickt worden zu sein und seinen Willen zu repräsentieren –, von demjenigen wird man wohl erwarten können, daß er sich entsprechend legitimiert. Doch was wir in unserer kleinen Untersuchung bisher gehört haben, halten wir wohl eher für eine Zumutung. Wie kann man uns solche Geschichten auftischen, die darüber hinaus nicht einmal originell sind?

Es erscheint ein eigenartiges Bild von den neutestamentlichen Evangelisten, die ihre Visionen und Wunder gewissermaßen am Schreibtisch sammeln, um mit deren Hilfe ihre Theologie, ihre Botschaft von Jesus dem Christus von einer visions- und wundergläubigen Hörerschaft beglaubigen zu lassen.

Wie soll man eine solche Beschreibung des Lebens Jesu überhaupt noch verstehen?

Berichten die Verfasser der neutestamentlichen Schriften nun von Jesus, dem Sohn Gottes, von seinen Worten und seinen Taten, oder erzählen sie einen Mythos?

Wie zuverlässig sind die christlichen Schriftsteller überhaupt?

Diese und ähnliche Fragen zwingen uns dazu, die Entstehung der Evangelien näher zu untersuchen. Dabei beschränken wir uns auf eine knappe Darstellung des heutigen Forschungsstandes, da eine eingehende Behandlung dieser Thematik in unserem Rahmen nicht geleistet werden kann.

# Die Zeugnisse des Lebens Jesu

Jesus von Nazaret, die Hauptperson und der Inhalt des Neuen Testamentes, hat selbst kein einziges schriftliches Zeugnis hinterlassen. Alles was wir von ihm wissen, entnehmen wir Erzählungen und Berichten seiner Zeitgenossen und Apostel.

Dabei spielen die Evangelien eine hervorragende Rolle. Es sind insgesamt vier Evangelien, die nach ihren vermeintlichen Verfassern (die Autorenschaft ist ungeklärt) benannt werden. Markus, Mattäus, Lukas und Johannes sind die christlichen Schriftsteller, denen wir unser Wissen über Jesus Christus verdanken.

In ihren Schriften haben sie die Worte und Taten Jesu festgehalten und somit der Nachwelt ein einzigartiges Zeugnis hinterlassen. Diese Evangelien bilden seit der Urkirche den Kern der christlichen Verkündigung.

Um ein lückenloses Bild vom Leben Jesu zu bekommen, das von seiner Geburt bis hin zu seiner Auferstehung alle Stationen seines Erdenwandels umfaßt, fügte man im zweiten Jahrhundert die vier Evangelien zu einem einzigen zusammen. Man verband die einzelnen biblischen Texte ohne Berücksichtigung ihrer vom jeweiligen Verfasser geprägten Eigenarten. Traten in den verschiedenen Berichten über ein bestimmtes Ereignis Unterschiede in der Darstellung auf, so wurden diese miteinander harmonisiert.

So stellte man beispielsweise eine Kindheitsgeschichte Jesu zusammen und verband so die Erzählungen von Mattäus und Lukas. Wenn jeder der vier Evangelisten vom Leiden und Sterben Jesu berichtet, so vereinheitlichte man diese Erzählungen zu einer einzigen Passionsgeschichte.

Die auf diese Weise entstandene »Evangelienharmonie«, die noch in den 60er Jahren unseres Jahrhunderts in der Schulbibel im Gebrauch war, sollte eine zuverlässige Geschichtsquelle darstellen.

Jahrhundertelang wurde das Neue Testament auf diese Weise gelesen.

Jedoch vor noch nicht zu langer Zeit brachte eine Entdeckung Unruhe in die friedlichen Stuben der Exegeten (wir befinden uns in der zweiten Hälfte des 18. Jahrhunderts).

Bei einem aufmerksamen und sehr genauen Bibelstudium hatte man festgestellt, daß eine Harmonisierung der vier Evangelien eine Vergewaltigung der biblischen Texte darstellte. Man hatte angefangen, die Berichte der Evangelisten miteinander zu vergleichen und herausgefunden, daß teilweise erhebliche Unterschiede sowohl im Aufbau als auch im Inhalt vorhanden sind.

Während Markus die Heilung eines Blinden durch Jesus beschreibt, weiß Mattäus von zwei Blinden zu berichten; Lukas wiederum hat auch nur einen Blinden registriert[1].

Wenn Markus und Lukas sich einig sind, daß Jesus im Land der Gerasener einem Besessenen den Dämon austrieb, so sind es bei Mattäus zwei Besessene. Außerdem spielt bei ihm die Geschichte nicht in Gerasa, sondern in Gadara[2].

Markus und Mattäus schildern eine Totenerweckung; Lukas dagegen erinnert sich an zwei Erweckungen vom Tode[3].

Mattäus, Markus, Lukas und Johannes erzählen von einer wunderbaren Brotvermehrung. Nach Markus, Lukas und Johannes sind dabei 5000 Menschen gesättigt worden, nach Mattäus ungefähr doppelt so viel[4].

Mattäus und Markus wissen im Gegensatz zu ihren Kollegen noch von einer zweiten wunderbaren Speisung. Diesmal handelt es sich bei Markus um 4000 Menschen und bei Mattäus um ca. 8000[5].

Johannes ist der einzige, der etwas von einem Wunder zu Kana weiß[6]; bei den drei anderen Evangelisten kommt die Verwandlung von Wasser in Wein nicht vor.

Diese Liste der Unterscheidungen ließe sich beliebig fortsetzen.

Eine große Anzahl von Wundern und Worten Jesu erfahren eine deutliche Veränderung oder eine Steigerung, während einige nur einem oder zwei Evangelisten bekannt sind. Genauso unterschiedlich ist oft der Kontext, in dem die Worte oder Taten Jesu erzählt werden. Unterschiedliche Orts- und Zeitangaben sind keine Seltenheit.

Diese Entdeckungen führten dazu, die vier Evangelien wieder einzeln zu betrachten und ihren jeweiligen originellen Charakter hervorzuheben.

1774 gab der protestantische Theologe Griesbach in Halle die erste »Synopse« (Zusammenschau) heraus. Er hatte die vier Evangelientexte spaltenweise nebeneinander geschrieben, und zwar so, daß gleiche Berichte unmittelbar beieinander standen. Damit hatte er einen genauen Vergleich ermöglicht. Übereinstimmungen und Unterscheidungen ließen sich jetzt bequem feststellen.

Nun konnte man deutlich erkennen, daß die Evangelien nach Markus, Mattäus und Lukas sehr eng miteinander verwandt sind. Sie stimmen im Aufbau und in der Wortwahl weitgehend überein. Das Evangelium des Johannes dagegen ist bis auf wenige Ausnahmen total davon verschieden.

Diese ersten Erkenntnisse, die sich aus der Zusammenschau ergaben, führten dazu, daß man seitdem die Evangelien nach Markus, Mattäus und Lukas als »synoptische Evangelien« bezeichnet und ihre Verfasser kurz »Synoptiker« nennt.

Daß diese Entdeckung eine erhebliche Unruhe hervorrief (die historische Fixierung des Lebens Jesu war deutlich erschwert) und der Exegese ein ungeheuer großes Aufgabengebiet eröffnete, in dem sie bis heute arbeitet, braucht kaum erwähnt zu werden. Man machte sich unverzüglich an die Arbeit. Den Synoptikern galt zunächst alle Aufmerksamkeit.

Durch genaue Textanalysen konnten mit der Zeit folgende Übereinstimmungen und Unterschiede festgestellt werden:

I. Übereinstimmungen

Das Markusevangelium besteht aus 661 Versen; davon finden sich ca. 600 auch bei Mattäus und ca. 350 bei Lukas. Die Evangelien nach Mattäus und Lukas haben ca. 240 Verse gemeinsam, die bei Markus nicht zu finden sind. Darüber hinaus bietet jeder der Synoptiker eine Anzahl von Versen, die nur bei ihm zu finden sind. Diese Eigenheiten bezeichnet die Exegese als »Sondergut« (abgekürzt »S«).

Ein Schema kann hier einen guten Überblick verschaffen[7]:

| | Markus | Mattäus | Lukas | Insgesamt |
|---|---|---|---|---|
| Markus hat gemeinsam mit | 35 S | ca. 600 | ca. 350 | 661 |
| Mattäus hat gemeinsam mit | ca. 600 | 350 S | ca. 240 | 1060 |
| Lukas hat gemeinsam mit | ca. 350 | ca. 240 | 548 S | 1149 |

Der Aufbau des Evangeliums nach zeitlichen und geographischen Gesichtspunkten ist bei Markus, Mattäus und Lukas im Prinzip derselbe. Johannes weicht davon total ab.

Dem Auftreten des Täufers (Johannes) schließen sich die Taufe Jesu und seine Versuchung an. Anschließend wird sein Wirken in der Öffentlichkeit geschildert. Der geographische Rahmen ist fast nur auf Galiläa beschränkt. Ebenso wird der Zug nach Jerusalem, das Auftreten dort und sein Prozeß von allen drei ähnlich geschildert. Ihre Berichte schließen mit Kreuzigung und Auferstehung des Herrn.

Alle berichten nicht streng fortlaufend von Leben und Person Jesu, sondern erzählen in volkstümlicher Sprache über ihn und über die Eindrücke, die seine Taten und Worte hinterlassen haben. Dabei werden einzelne Erzählstücke oft ohne Beziehung einfach aneinandergereiht.

II. Unterschiede

Markus legt in seinem Evangelium nur wenig Wert auf die Worte Jesu. Seine Aufgabe sieht er darin, die Taten Jesu zu verkünden. Sein Sondergut ist gering.

Mattäus und Lukas haben dagegen eine große Anzahl der Worte des Herrn aufgeschrieben. Ihr Sondergut ist erheblich. Sie erzählen beispielsweise eine Kindheitsgeschichte Jesu und führen seinen angeblichen Stammbaum an. Beide Besonderheiten zeigen allerdings deutliche Unterschiede. Auch wissen sie von Erscheinungen des auferstandenen Christus zu berichten, wovon Markus kein Wort erwähnt.

Äußerst wichtig ist auch, daß die Synoptiker Worte Jesu unterschiedlich überliefern. So etwa die Eucharistieworte[8], das Vaterunser[9] oder die Worte am Kreuz[10].

An den aufgeführten Beispielen mag ansatzweise deutlich geworden sein, in welcher Weise die Theologie die Texte des Neuen Testamentes zu analysieren und schließlich zu interpretieren vermag.

# Die synoptische Frage

Der literarische Befund dieser Untersuchungen führte nun in der Theologie zu der sogenannten »synoptischen Frage«.

Angesichts der auffälligen Gemeinsamkeiten und der deutlichen Unterschiede rückte die Frage nach der Entstehung der Evangelien ins Blickfeld des Interesses.

In den letzten zwei Jahrhunderten hat es diesbezüglich auch nicht an Spekulationen und Klärungsversuchen gefehlt.

Beispielsweise meinte man, daß es ein Urevangelium gegeben haben müsse, das die Vorlage für die Evangelien in der uns vorliegenden Fassung dargestellt hatte[11].

Andere Erklärungsbemühungen nahmen an, daß nach Jesu Tod eine Reihe von einzelnen Erzählungen in den urkirchlichen Gemeinden kursierten, die von den christlichen Schriftstellern willkürlich zusammengesetzt wurden[12].

Diese Versuche, den Ursprung der Evangelientexte zu benennen, scheiterten jedoch entweder an den teilweise grundsätzlichen Unterschieden oder an den oft wörtlichen Gemeinsamkeiten der Texte.

Eine befriedigende Erklärung konnten sie nicht bieten!

Erst im letzten Jahrhundert wurde eine Theorie angeboten, die heute bei protestantischen und katholischen Theologen allgemein als gesichert anerkannt ist.

Die Exegeten C. Lachmann (1835), H. J. Holtzmann (1863) und B. Weiß (1886) entwickelten die »Zweiquellentheorie«.

Ihr Ausgangspunkt ist die Annahme einer literarischen Abhängigkeit zwischen den Evangelien. Danach verfaßte als erster Markus sein Evangelium. Als dann Jahre später Mattäus und Lukas zu schreiben begannen, lag ihnen dieses Evangelium des Markus vor, und sie benutzten es als erste Quelle für ihre Texte.

Da sie in ihren viel umfassenderen Erzählungen zahlreiche Worte Jesu verarbeiteten (die Markus nicht anführt), wird eine zweite Quelle angenommen. Diese »Redequelle« enthielt vorwiegend Worte Jesu, die von seinen Begleitern und Zeitgenossen mündlich weitererzählt wurden. Es hatten sich feste Sprechformen entwickelt, die gut zu behalten waren und somit einigermaßen sicher weitergegeben werden konnten. – Die mündliche Überlieferung bildete überdies in der damaligen Zeit den Hauptanteil der Tradition.

Die erste Quelle war also der Text des Markus und die zweite die mündliche Überlieferung der Jesus-Worte, die Redequelle (abgekürzt »Q«).

Hinzu kommt, wie schon erwähnt, das Sondergut, das jeder Evangelist aus seiner privaten Umwelt schöpfte und je nach Leserkreis und Adressaten einsetzte.

Zwischen Mattäus und Lukas scheint keine Abhängigkeit zu bestehen.

Die folgende Skizze verdeutlicht die Zweiquellentheorie:

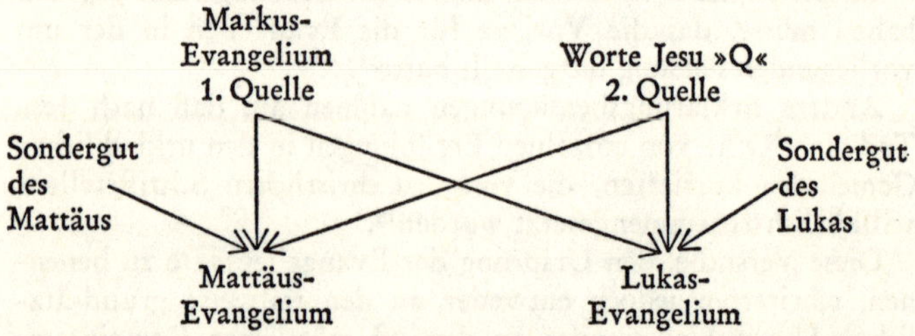


Die Übereinstimmungen im Aufbau der Evangelien und die teilweise identische Wortwahl sind durch diese Theorie erklärt.

Es bleibt nun, die Gründe für die deutlichen Unterschiede in den einzelnen Texten zu nennen.

## Die Redaktion

Nachdem Jesus von Nazaret am Kreuz gestorben war und kurze Zeit später die ersten Erscheinungserlebnisse bekannt wurden, begannen die Apostel ihre Mission. Der Mittelpunkt der Verkündigung war der Erlösungstod und die Auferstehung ihres Herrn.

Als nach Jahren bereits einige kleine Christengemeinden entstanden waren, kam es häufiger vor, daß Streitigkeiten über die tatsächliche Lehre Jesu entstanden. Die Zahl der Augenzeugen wurde mit der Zeit immer geringer. Der zeitliche Abstand zum historischen Jesus betrug bereits einige Jahrzehnte. So entwickelte sich das Bedürfnis, die Überlieferung, die mündlich weitererzählten Berichte über Jesus, schriftlich festzuhalten.

Wichtig ist nun, daß die Verfasser der Evangelientexte sicherlich kein Interesse daran hatten, über historische Fakten, im modernen Sinn des Wortes, zu berichten. Wie schon in ihren Predigten, so wollten sie auch in ihren Texten eine neue Lehre verkünden. Es kam ihnen darauf an, Jesus als den Sohn Gottes, als den verheißenen Messias darzustellen und Glauben an ihn zu wecken.

In den Evangelien liegt uns also keine Biographie vor, sondern Verkündigung.

Die Theologie spricht vom »Kerygma« (Botschaft, Ankündigung). Jesus wird also als Christus verkündet. Die Erzählung über ihn wird zur Erzählung über den erwarteten Retter der Welt!

Aus dieser kerygmatischen Absicht heraus versuchten nun die vier »Redakteure« mit dem Material, das ihnen die Quellen boten, nachträglich ein Bild vom Leben Jesu zu zeichnen, das ihn immer wieder als den großen Messias auftreten ließ. Sie schilderten Begebenheiten aus dem Leben des Herrn, die seine Person, seine Sendung, seine Vollmacht, seine Lehre durch ein denkwürdiges Wort oder Ereignis, ein Wunder, einen Ausspruch, ein Gleichnis usw. veranschaulichten.

Aus dieser »theologischen Absicht« resultieren die vielen

Unterschiede in den Evangelien. Entsprechend dem Leserkreis, für den die Texte bestimmt waren, wurden verschiedene Schwerpunkte gesetzt.

*Das Evangelium nach Markus*

Kurz vor dem Jahr 70 wurde das erste Evangelium zusammengestellt. Es wurde wahrscheinlich in Rom verfaßt und kombiniert eine Anzahl von einzelnen Erzählungen, die aus mehreren Gemeinden mündlich überliefert worden waren.

Der Stoff ist nach sachlichen, geographischen und chronologischen Gesichtspunkten geordnet. Dem Leser wird Jesus von Anfang an als der Sohn Gottes dargestellt. Er erfährt, wie die Messianität Jesu lange Zeit sogar seinen Jüngern verborgen blieb.

Er erkennt, wie die Zeitgenossen Jesu ihn mißverstanden und schließlich verfolgten, obwohl er selbst sich immer wieder durch seine Taten als der Sohn Gottes offenbarte.

Der schmachvolle Tod am Kreuz stellt jetzt nicht mehr ein peinliches Ereignis dar, das besser verschwiegen werden sollte, sondern Jesus ist von Anfang an zielstrebig darauf zugegangen.

*Das Evangelium nach Mattäus*

Die Abfassung dieses Textes wird in griechisch sprechender Umgebung, wahrscheinlich in Antiochia, vermutet und muß in der ersten Hälfte der 80er Jahre stattgefunden haben.

Er ist geprägt von der harten Auseinandersetzung mit dem Judentum. Gestützt auf das Markusevangelium, wird hier immer wieder versucht, Jesus vor den Juden als den erwarteten Messias zu legitimieren. Da für die Juden die Schriften des Alten Testamentes (christliche Bezeichnung) alleinige Autorität beanspruchen können, versucht der Evangelist sehr häufig durch sogenannte »Schriftbeweise« die Verheißung des Alten Testamentes auf Jesus zu beziehen. Er zitiert unermüdlich die alten Schriften (»... damit die Schrift erfüllt werde ...«), um Jesus als den darzustellen, der von den Propheten angekündigt wurde.

Wenn Mattäus die Markusvorlage ändert und oft Wunderberichte erheblich steigert, so deshalb, um die Hoheit Jesu deutlicher hervorzuheben.

*Das Evangelium nach Lukas*

Etwa zu der gleichen Zeit wie Mattäus, zwischen 70 und 90 n. Chr., schreibt Lukas in der griechisch-römischen Welt sein Evangelium.

Seinen vorwiegend heidnischen Lesern ist die Überlieferung des Alten Testamentes fremd, und sie verstehen deshalb nicht die Auseinandersetzung Jesu mit den Juden. Deshalb läßt Lukas diese Unverständlichkeiten weg.

Er schildert Jesus als den Heiland der Welt. Sein Jesusbild ist voller Güte und Barmherzigkeit. Er erzählt mit Vorliebe von den Armen und Sündern, deren sich der Herr angenommen hat.

Einen großen Raum nehmen die Gleichnisse und Taten ein, die die unermeßliche Liebe Gottes zu den Menschen aufzeigen.

Er ändert die Markusvorlage dann ab, wenn Jesus Äußerungen tut, die mißverstanden werden könnten und seine Würde beeinträchtigen.

*Das Evangelium nach Johannes*

Dieses späteste der vier Evangelien wurde um das Jahr 100 in Ephesus verfaßt. Es unterscheidet sich in Stil, Stoffauswahl, Aufbau und Gedankenwelt sehr stark von den drei synoptischen Evangelien.

Es stellt eine, auf die Bedürfnisse der bereits gewachsenen Kirche zugeschnittene, kerygmatisch gestaltete Darstellung der »Geschichte Jesu« dar. In ihm wird das theologische Selbstverständnis Jesu entfaltet.

Jesus ist der erwartete Messias und der wesensgleiche Gottessohn.

Das Evangelium wendet sich gegen zeitgeschichtliche Erscheinungen, z. B. gegen das christenfeindliche Judentum und eine Anzahl von Irrlehren.

Die Forschungsarbeit der Theologen hat uns einen Einblick in die Entstehungsgeschichte der Evangelien und die Motivation ihrer Verfasser ermöglicht.

Das entscheidende Ergebnis dieser Arbeit ist die Erkenntnis, daß es sich bei den Evangelien nicht um eine biographische Berichterstattung handelt, sondern um Erzählungen, die aus der mündlichen Tradition übernommen wurden, um Jesus von Nazaret als den Sohn Gottes, den verheißenen Messias zu verkünden.

Ausgehend von dieser Voraussetzung wird es natürlich schwierig, die Frage nach der Historizität der Wundergeschichten eindeutig zu beantworten.

»Sowohl eine globale Anerkennung aller Jesusüberlieferungen als rein historische Fakten, als auch eine generelle Bestreitung der Wunder Jesu auf Grund eines aufklärerischen Wirklichkeitsbegriffs wird dem Befund des Neuen Testamentes nicht gerecht.«[13]

# Die historisch-kritische Methode

Die Geschichten über Jesus drängen uns die Frage auf, wie es denn nun wirklich gewesen ist. Wir haben gehört, daß uns in den Evangelien keine Biographie Jesu geboten wird, sondern erzählende Darstellung seiner Bedeutung als Abgesandter Gottes.

Es ist daher von Bedeutung, daß wir uns von den Exegeten sagen lassen, wie sie dennoch zu genaueren Aussagen über das tatsächlich Geschehene kommen.

Das Neue Testament ist heute sicherlich das bestuntersuchte Buch der Weltliteratur. Es wurde in fast 1500 Sprachen übersetzt, und ganze Gelehrtengenerationen untersuchten jeden Abschnitt, jeden Satz und jedes Wort. Die Exegese bedient sich heute wissenschaftlicher Methoden, mit deren Hilfe sie versucht, den Text der Bibel in den Griff zu bekommen.

Einige dieser Methoden wollen wir uns ansehen.

*Die Methode der Textkritik*

Von keinem der biblischen Bücher ist uns heute der Originaltext erhalten. Die ältesten Textstücke stammen aus dem 4. Jahrhundert n. Chr. Die einzige Möglichkeit, damals die Texte zu vervielfältigen, bestand darin, sie abzuschreiben. Aus diesem Grund ist es nicht verwunderlich, daß nicht eine Handschrift mit einer anderen völlig übereinstimmt. Angefangen von einfachen Abschreibefehlern bis hin zu Hinzufügungen oder Auslassungen nicht unerheblicher Textteile schätzt man die Varianten allein der neutestamentlichen Texte auf 250 000. Es gibt also erheblich mehr Abweichungen der einzelnen Handschriften untereinander, als das Neue Testament überhaupt Wörter enthält. Die Textkritik muß deshalb versuchen, durch genaueste Textvergleiche herauszufinden, welcher Text als der ursprüngliche zu gelten hat. Ihr Ziel ist also die Eruierung des Urtextes.

Ist so ein möglichst einheitlicher Text hergestellt worden, so wird er mit der *Methode der Literarkritik* untersucht. Dabei kommt es darauf an, herauszufinden, welche literarischen Quellen der biblische Schriftsteller benutzt haben könnte. Gelingt dies, so erfährt man, ob die Quelle wörtlich übernommen oder ob sie umgestaltet wurde. Daran wiederum ist die theologische Eigenart des biblischen Verfassers abzulesen. So schreibt beispielsweise Lukas am Anfang seines Evangeliums: »Da schon viele es unternommen haben, einen Bericht über die Ereignisse abzufassen, die sich in unserer Mitte zugetragen haben – so wie uns jene überliefert haben, die von Anfang an Augenzeugen und Diener des Wortes gewesen sind –, habe auch ich mich entschlossen, der ich allem von Anfang an sorgfältig nachgegangen bin, es für dich, edler Theophilus, der Reihe nach aufzuschreiben, damit du die Zuverlässigkeit der Lehren, über die du unterrichtet worden bist, erkennen kannst.«[14]

Dieses Beispiel zeigt, daß Lukas bereits Schriften über Jesus vorliegen. Nach der beschriebenen Zweiquellentheorie können wir nun mindestens zwei der von Lukas benutzten Quellen angeben: nämlich das Markusevangelium und die Wortsammlung (»Q«).

Weiter untersucht die Literarkritik die Texte auf Angaben hin, die über rechtliche, religiöse, gesellschaftliche und geschichtliche Zustände informieren. Mit diesen Erkenntnissen kann sie dann Alter, Herkunft und Adressatenkreis der Schriften bestimmen.

Seit Beginn unseres Jahrhunderts bedient sich die Exegese einer Methode, die unter dem Stichwort *Formgeschichte (Form- und Gattungskritik)* bekannt ist. Ausschlaggebend war eine Neubesinnung auf die sprachliche Gestalt der biblischen Texte. Wir erinnern uns, daß es einige Jahrzehnte dauerte, bis nach einer Periode der mündlichen Überlieferung die Botschaft Jesu schriftlich festgehalten wurde. Bis dahin waren Berichte von Augenzeugen in allen christlichen Gemeinden in Umlauf. Einzelne Erinnerungen wurden weitererzählt und dabei durch die Phantasie der Erzähler angereichert. Das ist keineswegs ungewöhnlich. Jeder von uns weiß, daß ein bestimmter Sachverhalt je nach Situation und Adressatenkreis anders wiedergegeben wird. So wird ein Krach mit dem Vorgesetzten mit Sicherheit den Kollegen anders erzählt als der eigenen Frau zu Hause, und abends beim Bier wird der Vorfall den Freunden anders präsentiert als im Gespräch mit dem Betriebsrat.

Obwohl jedesmal derselbe Vorfall wiedergegeben wird, handelt es sich jedesmal um eine andere Art der Darstellung. Die Art und Weise des Sprachgebrauchs ändert sich jeweils. Die Formgeschichte spricht von der literarischen Gattung.

So gibt es über historische Ereignisse beispielsweise Berichte und Romane. Beides sind literarische Gattungen, die einen bestimmten Sachverhalt in verschiedener Weise beleuchten und wiedergeben. So wird es passieren, daß der Roman von Dingen redet, die in dem Bericht nicht vorkommen, und andererseits wird der Bericht auf Einzelheiten Wert legen, die den Roman nicht wesentlich interessieren.

Daran kann man erkennen, daß alles, was gesagt und geschrieben wird, nach seiner Gattung beurteilt werden muß, will man sich selbst ein »Bild« machen. Dabei ist gerade bei älteren Schriften zu beachten, daß Gattungen sich je nach Zeit und Ort ihrer Entstehung unterscheiden. Wir erwähnten bereits die antike Geschichtsschreibung, die mit der Darstellung in heutigen Geschichtsbüchern nicht identifiziert werden darf.

Bei einer entsprechenden methodischen Behandlung der Bibel kann man nun interessante Erkenntnisse über die Aussageabsicht und die historische Verläßlichkeit gewinnen. Teilt man die Texte den verschiedensten Gattungen zu, so wird man beispielsweise erkennen können, daß der Schöpfungsbericht am Beginn des Alten Testamentes mit seiner Aufteilung in sechs Schöpfungstage ein Gedicht ist. Alles, was hier ausgesagt werden soll, ist, daß die Welt mit allem, was in ihr existiert, aus der Hand Gottes kommt und seinem Willen entspringt. Die Form ist eine wundervolle Erfindung, kein Bericht!

Im Neuen Testament unterscheidet man vier verschiedene Gattungen: Die Evangelien, die Apostelgeschichte (Acta), die Briefe und die Apokalypse (Vision, Enthüllung). Während die beiden letzten literarischen Gattungen von den biblischen Schriftstellern übernommen wurden, sind die ersten beiden christliche Neubildungen.

Die Evangelien, die uns in unserem Zusammenhang besonders interessieren, können gattungsgeschichtlich nicht den Werken der antiken Geschichtsschreibung zugeordnet werden. Sie sind als Glaubenszeugnisse zu verstehen. Sie wollen Glauben an Jesus Christus wecken und stärken.

Innerhalb dieser literarischen Gattungen wird der Überlieferungsstoff in den unterschiedlichsten Formen dargeboten. Diesen Formen gilt das besondere Interesse der Exegeten.

Wir haben gehört, daß die Evangelisten überlieferte Einzelerzählungen gesammelt haben und sie nach örtlichen, zeitlichen und vor allem theologischen Gesichtspunkten ordneten. Diese Redaktionsarbeit stellte die Einzelerzählungen nicht einfach nebeneinander, sondern verwob sie zu einem Ganzen. Dabei wurde natürlich wiederum die Art und Weise der Darstellung verändert. Die formgeschichtliche Methode versucht nun, aus dem Ganzen des Evangeliums die Einzelerzählungen in ihrer ursprünglichen Gestalt herauszuarbeiten. Sie verfolgt also den Überlieferungsprozeß zurück. Dabei ist es ihr Ziel, den sogenannten »Sitz im Leben« einer jeweiligen kleinen Erzähleinheit herauszufinden. Was ist damit gemeint?

»Wir wissen, daß etwa ein Geschäftsbrief der Form nach anders ist als ein wissenschaftlicher Aufsatz, oder daß eine Predigt sich von einem Kommentar zum politischen Tagesgeschehen formal unterscheidet. Eine schriftliche Abhandlung oder ein mündlicher Vortrag werden ihrer Form nach geprägt durch die jeweils verschiedenen Lebensbereiche, aus denen sie stammen und für die sie bestimmt sind. Das Leben selbst also schafft die Vielfältigkeit der Formen. Von daher wird verständlich, daß man umgekehrt von den Formen her auf den Lebensbereich schließen kann, aus dem sie kommen. Mit anderen Worten: Die Formen erlauben den Schluß auf den ›Sitz im Leben‹, d. h. auf die geschichtlich-soziale Lage, in der gerade derartige literarische Formen ausgebildet werden.«[15]

Eine Einzelform innerhalb der Geschichtstradition (man unterscheidet in der mündlichen Überlieferungsgeschichte Worttradition und Geschichtstradition) bilden unsere Wunderberichte. Sie hatten in der Verkündigung der Urkirche die Aufgabe, Jesus als den Sohn Gottes zu offenbaren, seine Göttlichkeit und seine übermenschliche Macht zu demonstrieren. »Dieser Aufgabe entsprechen Stil und Form der Erzählung, die – wie sollte es anders sein – in ähnlichen Erzählungen der Umwelt ihre Analogie haben.«[16] Die damals übliche formale Struktur einer Wundergeschichte haben wir bereits kennengelernt. Die Evangelisten haben sich also einer damals sehr wohl bekannten und verständlichen literarischen Form bedient, die ihnen geeignet erschien, das auszudrücken, was ihnen an Jesus wichtig war.

Schließlich wäre noch die Methode der *Redaktionskritik* zu nennen.

»Aufgabe der redaktionsgeschichtlichen Arbeit ist es, den theologischen Standort der einzelnen synoptischen Evangelien herauszuarbeiten. Unter welchen Gesichtspunkten hat der Evangelist sein Material ausgewählt und zusammengestellt? Wie hat er die einzelnen Traditionsstücke im ganzen Zusammenhang seines Werkes verarbeitet? Welche theologische Tendenz und Absicht liegt seinem Evangelium überhaupt zugrunde?«[17] Früher wurden die Evangelisten einzig als Sammler der überlieferten Stoffe gewertet. Inzwischen sah man aber deutlicher, daß die Arbeit der Verfasser sich nicht in einer Sammeltätigkeit erschöpft, sondern als eine selbständige theologische Leistung zu werten ist. »In ihrem Werk geschieht ebenfalls die Uminterpretation der Überlieferung aufgrund einer konkreten geschichtlichen Situation der Gemeinde. Das zeigt sich deutlich in der Auswahl der Stoffe, in direkten Eingriffen in den vorgegebenen Text und in der überlegten und konsequenten Komposition des Ganzen. Die redaktionsgeschichtliche Arbeit versteht jedes Evangelium als einen ganzheitlichen Entwurf, der eine bestimmte theologische Komposition vertritt.«[18]

# IV. Kapitel

»Es gibt nichts Wunderbares: alles, was geschieht, was geschehen ist und was geschehen wird, geschieht, geschah und wird geschehen auf eine natürliche Weise.«

Ludwig Büchner

# Exegese neutestamentlicher Wundergeschichten

Nachdem wir nun eine ganze Menge über das Wunder erfahren haben, ist es an der Zeit, uns näher mit einigen konkreten Geschichten zu befassen. Wir haben verschiedene Definitionen des Wunders von heutigen Theologen vernommen; ein Blick in die Geschichte hat uns gezeigt, wie man sich zu diesem Phänomen (oder sollte man besser sagen: zu diesem Problem?) geäußert hat; in einem zweiten Schritt haben wir uns dann an »Ort und Stelle« in der Antike umgeschaut; und zuletzt einige interessante Einzelheiten aus der Werkstatt des Exegeten erfahren.

Bevor nun in einem letzten Schritt eine eigene Beurteilung des Wunders angeboten wird, stehen einige Wundergeschichten exemplarisch zur Debatte.

Daran läßt sich sehen, wie die Evangelisten im einzelnen gearbeitet haben und sicherlich auch etwas über das Wunder in Erfahrung bringen, insbesondere über seine Historizität.

# Das Ohr des Knechtes

Zunächst geht es um eine kleine Begebenheit, an der sehr schön die »Entstehung« eines Wunders demonstriert werden kann.

Jesus heilt das Ohr eines Knechtes des Hohenpriesters. Was war geschehen?

Wie so oft[1] war Jesus mit seinen Jüngern auf dem Landgut Getsemani versammelt, als Judas ihnen entgegenkam. Gegen eine entsprechende Summe hatte er den Hohenpriestern den Aufenthaltsort Jesu verraten und kam nun mit einer bewaffneten Volksmenge dorthin, um ihn durch einen Begrüßungskuß zu identifizieren.

Nun kommt die für uns interessante Begebenheit: Einer der Begleiter Jesu will seinen Meister verteidigen und greift zum Schwert. Dabei verletzt er einen der Knechte des Hohenpriesters.

In einer synoptischen Zusammenstellung sind die entsprechenden Textstücke so nebeneinander geschrieben, daß ein direkter Vergleich möglich wird[2]:

(siehe folgende Seiten)

| *Markus* 14, 47 | *Mattäus* 26, 51–54 | *Lukas* 22, 50–51 | *Johannes* 18, 10–11 |
|---|---|---|---|
| 47 Einer aber, jemand der Dabeistehenden,<br><br>zog das Schwert und traf den Knecht des Hohenpriesters und nahm ihm weg die Ohrmuschel. | 51 Und siehe, einer der bei Jesus (Stehenden) streckte aus die Hand,<br>zog sein Schwert und schlagend den Knecht des Hohenpriesters nahm er ihm weg das Ohr. | 50 Und schlug einer, jemand aus ihnen,<br><br>(nach) des Hohenpriesters Knecht und nahm weg sein Ohr, das rechte. | 10 Simon Petrus nun hatte ein Schwert,<br><br>zückte es und **traf** (den) des Hohenpriesters Knecht und hieb ihm ab die Ohrmuschel, die rechte. War aber (der) Name des Knechtes Malchus. |
| | 52 Da sagt (zu) ihm Jesus: Zurück bringe dein Schwert an seinen Ort! Denn alle, die da nehmen ein Schwert, durch ein Schwert werden sie zugrunde gehen. | 51 Antwortete aber Jesus, sprach: | 11 Sprach nun Jesus (zu) Petrus: Stecke das Schwert in die Scheide! |

53 Oder dünkt dir, daß ich
nicht die Kraft habe,
herbeizurufen meinen
Vater, und bereitstellen
wird er mir sofort mehr
als zwölf Legionen Engel?

Laß (das)! Bis hierher
(und nicht weiter)!

Den Becher, den gegeben
hat mir der Vater, soll
ich nicht trinken ihn?

54 Wie nun sollten erfüllt
werden die Schriften,
daß so es geschehen
muß?

Und
berührte das Ohr, heilte
ihn.

Der Text des Markus schildert kurz und knapp, wie einer der Dabeistehenden mit dem Schwert zuschlägt und dem Knecht die Ohrmuschel abtrennt.

Da Markus aller Wahrscheinlichkeit nach nicht Augenzeuge gewesen ist, gibt es zwei Möglichkeiten, wie er dazu kommt, ca. 40 Jahre später diese Geschichte zu erzählen. Entweder hat er mündliche Überlieferung einfach niedergeschrieben, so wie er sie selbst erzählt bekam, oder er hat diese Begebenheit erfunden, um die Peinlichkeit der Situation etwas zu mildern.

Es spricht ja nicht gerade für den Mut der Jünger, ihren Meister einfach von irgendeiner Horde festnehmen zu lassen, ohne dagegen etwas zu unternehmen. Wenn aber wenigstens von einem Anhänger Jesu erzählt wird, daß er seinen Herrn zu verteidigen versucht hat, so kann man den Jüngern nicht mehr die Schuld an dem Vorfall in die Schuhe schieben, da sie gegen eine Übermacht doch nichts auszurichten vermochten. Außerdem steigert die Aktion die Spannung und läßt erkennen, welches Unrecht verübt wird, wenn ein wehrloser Mensch sich den Waffen der Gegner ergeben muß.

Daß diese Erzählung historischen Tatsachen entspricht, ist nicht wahrscheinlich. Abgesehen von der gesamten Getsemani-Szene, die nicht untersucht werden kann, wäre hier beispielsweise zu fragen, wie ein jüdischer Bürger, der augenscheinlich kein Soldat ist, dazu kommt, ein Schwert bei sich zu tragen.

Mattäus, der ca. 10 Jahre später über die gleiche Begebenheit zu schreiben anfängt, hat den Text des Markus vor sich liegen (Zweiquellentheorie). Er übernimmt ihn aber nicht nur, sondern ergänzt ihn. Er legt wie sein Kollege Lukas sehr viel Wert darauf, Worte Jesu zu fixieren oder ihm Aussagen in den Mund zu legen.

So nimmt er diese Gelegenheit wahr, um Jesus zu Wort kommen zu lassen.

Einerseits wird dadurch erläutert, wie Jesus trotz seiner Anhänger gefangengenommen werden konnte, andererseits wird Jesu Position nochmals verdeutlicht.

Wie bereits angedeutet, schreibt Mattäus für Juden bzw. Judenchristen. Da diese sich außerordentlich schwertun, den einfachen Mann aus Nazaret als den verheißenen Messias anzuerkennen, muß Mattäus immer wieder versuchen, ihnen deutlich zu machen, daß bereits im Alten Testament, der Heiligen

Schrift der Juden, auf diesen Jesus hingewiesen wird. Er läßt deshalb Jesus vom »Erfüllen der Schrift« sprechen.

Zudem weist er zum wiederholten Male auf die neue Gerechtigkeit hin, die dieser Jesus verkündet hat. Bereits in der Bergpredigt hatte Jesus das alte Prinzip des »Aug' um Aug' und Zahn um Zahn« kategorisch abgelehnt und statt dessen die Feindesliebe gefordert[3]. Nun, in einer Situation, in der es um sein eigenes Leben geht, bekennt er sich ausdrücklich dazu.

Schließlich gibt Mattäus seinen jüdischen Zuhörern zu verstehen, indem bei ihm Jesus auf die zwölf Legionen Engel hinweist, daß die Juden damals nur deshalb diesen Jesus töten konnten, weil Gott selbst es so gewollt hatte. Das provozierende Ereignis des Todes Jesu (Gott in der Hand der Menschen) wird also gerade zum Ausweis seiner Messianität.

Lukas, der zwischen 70 und 90 n. Chr. heidnischen Zuhörern die christliche Botschaft verkündet, bringt eine eigenwillige Variante ins Spiel. Auch er benutzt die Markusvorlage, doch allein bei ihm geschieht ein Wunder. – Jesus heilt das Ohr des Knechtes.

Lukas schildert in seinem Evangelium durchgängig die besondere Güte und Barmherzigkeit Jesu. Ihm geht es weniger um exakte Schrifttheologie als vielmehr um den praktischen Aufweis der »Menschlichkeit« Gottes. Die heilmachende Gnade umfaßt den ganzen Menschen, seinen Geist und seinen Körper.

Wir sahen bereits, daß seine griechisch-römischen Adressaten Wunder sehr schätzten und von ihrem Legitimationscharakter überzeugt waren. Daher setzt Lukas diese Heilung bewußt ein, um Jesu Macht zu verdeutlichen.

Hier finden wir nun allerdings auch ein Indiz für die Ungeschichtlichkeit dieses Wunders. Wenn es tatsächlich geschehen wäre, so könnte man sicher sein, daß jeder der vier Schriftsteller ausführlich darauf hingewiesen hätte. Doch nur einer erzählt es und gerade der, dessen Zuhörer dafür bekanntlich sehr empfänglich waren. Auch hält sich Lukas gar nicht damit auf, die Bedingungen und den Hergang des Wunders nun im einzelnen zu schildern. Die Tatsache scheint zu genügen und zu überzeugen.

Interessant ist für die Entstehung der Evangelien noch, daß Lukas sich ca. 50 Jahre nach Jesu Tod erinnert oder zu wissen glaubt, daß es das rechte Ohr des Knechtes gewesen ist, das verletzt und geheilt wurde. Sollte er bei diesem ausgezeichneten Gedächtnis sich nicht einmal an die Rede Jesu erinnern, die Mattäus aufgeschrieben hatte?

Die Historizität der Jesus-Worte bei Mattäus ist damit auch entschieden in Frage gestellt.

Johannes schließlich, der an dieser Stelle einmal mit den Synoptikern verglichen werden kann, weiß ca. 70 Jahre später noch mehr als seine drei Kollegen. Er kennt sogar die Namen der handelnden Personen. Der Anhänger Jesu war niemand anderes als Petrus, und der Knecht des Hohenpriesters hieß Malchus.

Johannes schreibt für bereits bestehende christliche Gemeinden und kennt die Probleme sehr genau, die in der Nachfolge Christi auftauchen. Die Christen werden lächerlich gemacht, weil ihr Gott von Menschen ermordet wurde und sie sich dennoch zu ihm bekennen. – Was für ein Gott? – Ähnlich wie Mattäus läßt er deshalb Jesus sagen, daß alles, was geschieht, vom Vater gewollt ist. Was die Juden und die Heiden als Torheit verurteilen, ist den Christen die Weisheit.

Die Jesus-Worte bei Johannes haben dabei einen fast sakralen, einen liturgischen Charakter. Jesus spricht die Sprache, die im Kult Verwendung findet.

Es wird klargeworden sein, wie die Evangelisten vorgegangen sind, als sie das Leben Jesu aufgeschrieben haben. Mündliche Erzählungen, die jahrzehntelang weitergegeben wurden und währenddessen eine ständige Veränderung erfuhren, wurden gesammelt, geordnet und je nach Zweck und theologischer Absicht variiert, gesteigert oder ergänzt.

Als Ergänzung zu dieser Synopse sei noch ein weiteres Beispiel angeführt. Wenn wir davon gesprochen haben, daß die Adressaten der Schriftsteller das jeweilige Werk beeinflußt haben, so kommt diesem Sachverhalt insofern auch große Bedeutung zu, als bei entsprechender Untersuchung der historische Kern einer Erzählung besser ausfindig gemacht werden kann.

Der Schriftsteller, der seinen Lesern einen bestimmten Sachverhalt nahebringen will, muß, um verstanden zu werden, die Sprache, die Kultur, die Eigenarten des Denkens und das Vorstellungsvermögen seiner Leser kennen. Der Erfolg seiner Mission wird davon abhängen, inwieweit er in der Lage ist, sich adäquat mitzuteilen.

Daß er zu diesem Zweck zu verschiedenen Mitteln greifen

kann und oft vom Ursprünglichen nicht viel übrigläßt, zeigt eine Stelle aus dem »Heliand«.

Diese poetische Erzählung des Lebens Jesu entstand um 830 n. Chr. im Raum Niedersachsen. Der damalige Kaiser, Ludwig der Fromme (814–840), hatte einen Geistlichen damit beauftragt, die Geschichte Jesu in unserem Kulturkreis publik zu machen. Hören wir, wie diese Aufgabe bewältigt wurde[4]:

»... Da brauste im Zorn auf der kühne Petrus, der kräftige Degen, wild wallt' ihm sein Mut, kein Wort konnt' er sprechen vor Harm im Herzen, daß den Herrn man ihm dort mit Banden wollte binden; erbost ging er hin, der kampfkühne Degen, vor den König zu treten, hart vor seinen Herrn, im Herzen nicht schwankend, in der Brust nicht verzagt, und zog sein Schwert zum Streit von der Seite und stob entgegen dem vordersten Feind mit der Fäuste Kraft. Dem Malchus ward durch des Messers Schneide die rechte Seite, da rot gezeichnet, das Gehör verhauen. Am Haupt ward er wund, daß blutig vom Schwert ihm Backen und Ohr barst im Gebeine. Das Blut sprang nach und wallte aus der Wunde. Die Wange war schartig dem vordersten der Feinde. Das Volk machte Raum, es scheute den Schwertbiß. Da schalt den Simon sein Fürst und befahl ihm, sofort sein Schwert in die Scheide zu schieben. ›Wenn die Scharen ich hier, die bewehrten, wollte mit Waffen bekämpfen, dann mahnte ich den hehren, mächtigen Gott, den heiligen Vater im Himmelreich, mir der Engel eine Anzahl von oben zu senden, die kundig des Krieges. Da könnten die Menschen deren Sturm nicht widerstehen. Auch die stolzeste Menge in geschlossenen Scharen hätte schnell vor ihnen ihr Leben verloren. Allein nun hat es der ewige Vater anders geordnet: Wir sollen dulden in Demut, was dieses Volk uns Bitteres bringt, nicht entbrennen in Zorn, uns nicht wider sie wehren. Denn wer da im Waffenstreit grimmigen Gerhaß gerne austrägt, der fällt oft durch die Schärfe des feindlichen Schwertes vom Blute besudelt. Wir sollen mit unseren Taten nichts vernichten.‹ Dann nahte er dem Mann, fügte gar fein das Fleisch zusammen, und heil war sofort des Hauptes Wunde, der Biß des Schwertes, aufs beste ...«

Was ist aus dem einen Satz des Markus geworden! In der altdeutschen Dichtung wird das geläufige Preis- und Heldenlied in voller Umkehr seines ursprünglichen Sinnes zur Darstellung von Leben und Leid des sanftmütigen, gütigen Christus verwendet. Die alten germanischen Elemente wie Stolz, Aufbegehren, Kampf- und Streitmut sind unverkennbar.

Dieses Beispiel zeigt deutlich, wie zum Zwecke der Vermittlung ursprüngliche Sachverhalte und Botschaften eine Veränderung erfahren, die nicht selten wesentliche Elemente entscheidend umprägt.

Wenn man nun darüber hinaus noch in Betracht zieht, daß der Autor des Heliand sich auf schriftliche Überlieferung stützen konnte, nämlich auf die Evangelien, die Evangelisten aber nur mündliche Erzählungen fixieren konnten, die seit 40 bis 70 Jahren kursierten, so wird ersichtlich, wie schwierig eine Eruierung historischer Tatsachen heute ist.

# Die Heilung des Gelähmten

Die folgende Geschichte wird sich in der Analyse als eine Kombination zweier selbständiger Textstücke erweisen. Dies sei im voraus bemerkt, damit der aufgeführte Text schon daraufhin genau gelesen werden kann. Der älteste Text, der des Markus, ist deshalb in der synoptischen Darstellung entsprechend markiert.

(siehe folgende Seiten)

*Markus*
2, 1–12

1 Und er ging wieder hinein nach
Kafarnaum, einige Tage darauf, da hörte
man, daß er im Haus sei. 2 Und es ver-
sammelten sich viele, so daß kein Platz mehr
war, nicht einmal vor der Tür, und er redete
ihnen das Wort.
3 Und sie kommen und bringen ihm einen
Gelähmten, getragen von vieren.
4 Und da sie (ihn) nicht zu ihm herbeibringen
konnten wegen der Volksschar, deckten sie
das Dach ab, wo er (Jesus) war, und,
nachdem sie (ein Loch) gegraben hatten,
senken sie die Bahre hinunter, auf der der
Gelähmte lag. 5 Und als Jesus ihren Glauben
sah, sagt er zum Gelähmten:

Kind, vergeben sind deine Sünden!
6 Es waren aber einige von den Schrift-
gelehrten dort, die saßen da und über-
legten in ihren Herzen: 7 Was dieser da so
redet? Er lästert! Wer kann Sünden
vergeben außer einem, Gott!
8 Und gleich erkennt Jesus in seinem

*Mattäus*
9, 1–8

1 Und er stieg in ein
Boot, setzte über und
ging in seine Stadt.

2 Und siehe, herbei
brachten sie ihm einen
Gelähmten, auf einem
Bette liegend.

Und als Jesus ihren
Glauben sah, sprach er
zum Gelähmten: Mut,
Kind, vergeben sind
deine Sünden! 3 Und
siehe, einige der
Schriftgelehrten sprachen
bei sich selbst:
Dieser da lästert!
4 Und wußte Jesus ihre
Gedanken

*Lukas*
5, 17–26

17 Und es geschah an einem der Tage, und er
lehrte gerade, und es saßen da Pharisäer und
Gesetzeslehrer, die gekommen waren aus
jedem Dorf Galiläas und Judäas und von
Jerusalem. Und die Kraft des Herrn war
darauf aus, daß er heilte.
18 Und siehe, Männer bringen auf einem
Bette einen Menschen, der war gelähmt, und
sie suchten ihn hineinzubringen und
hinzulegen vor ihn. 19 Und da sie nicht
fanden, wie sie ihn hineinbrächten,
wegen der Volksschar, stiegen sie
auf das Dach, und durch die Ziegel ließen
sie ihn herab samt dem Bettzeug, (genau) in
die Mitte, vor Jesus hin. 20 Und als er ihren
Glauben sah, sprach er: Mensch, vergeben
sind dir deine Sünden! 21 Und es begannen
zu überlegen die Schriftgelehrten und
Pharisäer, und sie sagten: Wer ist dieser da,
der Lästerungen redet? Wer kann Sünden
vergeben außer Gott allein? 22 Erkannte
aber Jesus ihre Überlegungen, antwortete
und sprach zu ihnen: Was überlegt ihr in
euren Herzen? 23 Was ist einfacher, zu sagen:

Geist, daß sie so überlegen bei sich selbst,
da sagt er ihnen: Was überlegt ihr da in
euren Herzen? [9] Was ist einfacher, dem
Gelähmten zu sagen: Vergeben sind deine
Sünden!, oder zu sagen: Steh auf und
trag deine Bahre und geh einher?
[10] Damit ihr aber wißt, daß Macht hat
der Menschensohn, Sünden zu vergeben
auf Erden – sagt er zum Gelähmten:

[11] Dir sage ich, steh auf, trage deine Bahre
und begib dich in dein Haus!
[12] Und er stand auf und, gleich die Bahre
tragend, ging er hinaus vor aller (Augen),
so daß alle
sich entsetzten und Gott priesen und
sagten: So etwas haben wir noch nie
gesehen!

und sprach:
Warum denkt ihr Böses
in euren Herzen? [5] Denn
was ist einfacher, zu
sagen: Vergeben sind
deine Sünden! oder zu
sagen: Steh auf und geh
einher?
[6] Damit ihr aber wißt,
daß Macht hat der
Menschensohn, auf
Erden Sünden zu
vergeben – da sagt er
zum Gelähmten: Steh
auf, trage dein Bett und
begib dich in dein Haus!
[7] Und als er aufgestanden war, ging er fort
in sein Haus. [8] Als (dies)
aber die Volksscharen
sahen, fürchteten sie sich
und priesen Gott, der da
gegeben hat solche Macht
den Menschen.

Vergeben sind dir deine Sünden!, oder zu
sagen: Steh auf und geh einher?
[24] Damit ihr aber wißt, daß der Menschensohn Macht hat, auf Erden Sünden zu
vergeben – sprach er zum gelähmten (Mann):
Dir sage ich, steh auf und, dein Bettzeug
tragend, zieh in dein Haus!
[25] Und sofort sich in ihrer Gegenwart
erhebend (und) tragend, worauf er gelegen
hatte, ging er fort in sein Haus, Gott
preisend. [26] Und Entsetzen ergriff alle, und
sie priesen Gott und wurden erfüllt von
Furcht und sagten: Wir sahen wunderbare
Dinge heut!

Wie bereits angedeutet, besteht die vorliegende Geschichte[5] aus zwei Teilen. Einmal wird uns die Heilung eines Gelähmten erzählt, und zum anderen werden wir Zeugen eines Streitgespräches zwischen Jesus und den Schriftgelehrten.

Es besteht heute Übereinstimmung in der Auffassung, daß die Wunderheilungserzählung zunächst für sich bestand[6] und dann nachträglich um den mittleren Gesprächsteil erweitert wurde[7].

Ganz sicher hat Markus die Geschichte übernommen und will hier keine historische Begebenheit weitergeben.

Das Streitgespräch nimmt Bezug auf die Heilung des Gelähmten; daraus kann man schließen, daß es nicht selbständig, also als unabhängiges Textstück, überliefert worden sein kann, sondern nachträglich von Markus erfunden und zur ursprünglichen Wundergeschichte hinzugefügt wurde.

Wenden wir uns zunächst einmal der Wundergeschichte zu. Eine Analyse der äußeren Form zeigt eindeutig, daß es sich hier um eine typische Lahmenheilungserzählung der Antike handelt.

(Die folgenden Versangaben betreffen den ältesten, den Markus-Text.)

a) Situationsangabe: (Hier die Verse 1–3)
   Die Geschichte spielt in Kafarnaum. Jesus hat in einem bekannten Haus Quartier bezogen. Da strömen die Mengen herbei, und Jesus lehrt sie. Währenddessen bringen vier Träger einen Gelähmten auf einer Bahre.
b) Bitte um Heilung: (Hier Vers 4)
   Eine ausdrückliche Bitte ist nicht mehr erforderlich. Keine Mühe scheuend, lassen die Männer den Gelähmten durchs Dach hinunter und konfrontieren ihn dort mit Jesus.
c) Heilstat durch Gestus und/oder Wort: (Hier Vers 11)
   Jesus befiehlt dem Kranken einfach aufzustehen.
d) Beschreibung des Heilerfolges: (Hier Vers 12a)
   Der Geheilte kann aufstehen, nimmt seine Bahre und geht.
e) Bestätigung durch die Anwesenden: (Hier Vers 12b)
   Die Umstehenden sind entsetzt, preisen Gott und betonen die Einmaligkeit des Wunders.

Markus gibt also eine damals durchaus geläufige Wundererzählung wieder, die er nur am Anfang dahingehend ergänzt, daß er durch die Orts- und Zeitangaben eine Verbindung zur vorhergehenden Erzählung von der Heilung eines Aussätzigen herstellt.

Im Vergleich mit anderen Heilwundergeschichten der Antike ist für Markus charakteristisch, daß er das Motiv des Glaubens (Vers 5a) deutlich hervorhebt. Jesus erscheint als der Vermittler von Glaube und Heil. Keiner, der sich vertrauensvoll an ihn wendet, wird von ihm im Stich gelassen.

In einer späteren Geschichte hebt Markus dieses wichtige Moment nochmals deutlicher hervor, indem er Jesus sagen läßt: »Alles ist möglich dem, der glaubt!«[8]

Mattäus hat dieselbe Geschichte seinem großen Wunderzyklus[9] eingeordnet. Zuvor hatte Jesus im Land der Gadarener einen Besessenen geheilt; deshalb setzt in seinem Evangelium Jesus in einem Boot nach Kafarnaum über. Damit ist die Einleitung auch schon erledigt.

Die veränderte und gekürzte Fassung der weiteren Geschichte läßt uns deutlich die spezifischen Interessen des Mattäus erkennen, die er mit seiner Erzählung verfolgt.

Er läßt alles weg, was ihm unwesentlich erscheint, und konzentriert sich auf die Worte Jesu. Er will nicht irgendein Wunder, sondern eine Glaubensgeschichte erzählen. Das für ihn besonders wichtige Streitgespräch rückt er in den Mittelpunkt. Die Begegnung zwischen Jesus und dem Gelähmten ist auf eine knappe Gegenüberstellung reduziert.

Daß der Kranke auf einem Bett liegt, muß erwähnt werden, damit der spätere Befehl Jesu (Vers 6b): »Steh auf, trage dein Bett und begib dich in dein Haus« verständlich wird.

Doch nun zu dem eigentlichen Anliegen der Geschichte. Das Streitgespräch über die Sündenvergebung wurde in die alte traditionelle Wundergeschichte eingeschoben.

Die Vollmacht Jesu ist also nicht darauf beschränkt, »einfache« Wunder zu vollbringen, sondern Jesus ist der Beauftragte Gottes, der die Sündenvergebung des Himmels auf Erden vollzieht.

Daß dies ein Anspruch ist, der einen gläubigen Juden provoziert, ist verständlich. Das ist Gotteslästerung. – Doch Jesus kann sogar Gedanken lesen (ebenfalls ein in der Antike geläufiges Phänomen) und greift diesen Vorwurf unerschrocken auf. Und er belehrt die Schriftgelehrten (in den Evangelien die typischen Gegner Jesu), daß nicht er Gott lästert, sondern jene, die seine göttliche Vollmacht nicht anerkennen.

Dann »beweist« er seine göttliche Macht und heilt den Kranken von seinem Leiden.

Lukas hält diese Geschichte ebenfalls für wichtig und verarbeitet sie in seinem Evangelium. Wie Markus ordnet er sie zeitlich nach der Aussätzigenheilung ein. Allerdings befinden wir uns bei ihm nicht in Kafarnaum. Der Ort bleibt unbekannt. Lukas legt Wert darauf, die Popularität Jesu nicht einzuschränken, und läßt das Publikum aus jedem Dorf Galiläas und Judäas und aus Jerusalem herbeiströmen.

Bereits am Anfang wird der Leser auf das kommende Ereignis vorbereitet, wenn Lukas schreibt: »Und Kraft des Herrn war darauf aus, daß er heilte« (Vers 17b). Der Leser wird ausdrücklich auf die göttliche Vollmacht Jesu hingewiesen, um die Bedeutung der Erzählung aufnehmen zu können.

Ein kurzer Hinweis auf die Bemühung des Evangelisten, sich seinen hellenistischen Lesern verständlich zu machen, sei zu Vers 19 gestattet.

Lukas beschreibt das Haus nicht mit Flachdach, aus Balken mit Lehm- und Schilfbedeckung versehen, so wie man in Palästina zu bauen gewohnt ist, sondern bei ihm handelt es sich um ein griechisches Haus mit Ziegeldach.

Eine Besonderheit des Lukas ist deutlich im Vers 20 zu erkennen, wo Jesus den Gelähmten mit »Mensch« anredet. Dies ist eine bewußte Veränderung des vorliegenden Textes.

Lukas weist so darauf hin, daß die Worte Jesu Allgemeingültigkeit beanspruchen.

Der irdische Jesus lebte zwar in einer konkreten geschichtlichen Situation, aber die Bedeutung seiner Worte, seiner Taten, seiner Person ist zeitlos und universal. Zu allen Zeiten wird der Mensch von Jesus unmittelbar angesprochen. Durch ihn wird jedem Menschen Vergebung seiner Sünden zuteil.

Diese göttliche Gnade wird dem Menschen unverdientermaßen geschenkt, woraus sich seine Verpflichtung zum Dank ergibt. Besonders darauf weist Lukas hin, wenn er den dankenden Gottespreis gegen Ende verdoppelt. Auch der Geheilte vergißt den Dank nicht!

# Der Besessene von Gerasa

Im folgenden beschäftigen wir uns mit einer der wunderlichsten und zugleich anstößigsten Geschichten im Neuen Testament[10]. Nicht unberechtigt hat man darauf hingewiesen, »daß hier ein volkstümlicher Schwank auf Jesus übertragen worden sei«[11].

Einen Ausschnitt haben wir bereits kennengelernt, als wir neutestamentliche Wundergeschichten mit antiken außerbiblischen verglichen haben.

Doch hier nun die Geschichte in voller Länge.

(siehe folgende Seiten)

| *Markus* 5, 1–20 | *Mattäus* 8, 28–34 | *Lukas* |
|---|---|---|
| 1 Und sie kamen ans jenseitige Ufer des Meeres, ins Land der Gerasener.<br>2 Und (kaum) war er ausgestiegen aus dem Boot, gleich trat ihm entgegen aus den Gräbern ein Mensch in einem unreinen Geist,<br>3 der die Behausung hatte in den Gräbern, und auch mit Ketten konnte ihn niemand mehr binden, | 28 Und als er gekommen war ans jenseitige Ufer, ins Land der Gadarener, traten ihm entgegen zwei Besessene, aus den Gräbern hervorkommend, | 26 Und sie fuhren ins Land der Gerasener, das da ist gegenüber von Galiläa.<br>27 Ihm aber, der (kaum) ausgestiegen war ans Land, trat entgegen irgendein Mann aus der Stadt, der hatte Dämonen, und seit geraumer Zeit zog er kein Gewand an, und im Haus blieb er nicht, sondern in den Gräbern. |
| 4 weil er (schon) oft mit Fußfesseln und Ketten gebunden worden war, und zerrissen wurden von ihm die Ketten, und die Fußfesseln waren | ganz gefährliche, | |
| zerrieben worden, und niemand vermochte ihn zu bändigen. 5 Und immerdar, nachts und tags, war er in den Gräbern und in den Bergen, schreiend und sich schlagend mit Steinen. | so daß keiner vermochte vorbeizugehen auf jenem Weg. | |
| 6 Und (kaum) hatte er Jesus von weitem gesehen, lief er und warf sich vor ihm nieder,<br>7 und schreiend mit gewaltiger Stimme sagt er: Was (ist zwischen) mir und dir, Jesus, Sohn Gottes, des Höchsten? Ich beschwöre dich bei Gott, quäle mich nicht! | 29 Und siehe, sie schrien, indem sie sagten: Was (ist zwischen) uns und dir, Sohn Gottes? Kamst du hierher, vor der Zeit uns zu quälen? | 28 Aber (kaum) hatte er Jesus gesehen, schrie er auf, fiel vor ihm nieder, und mit gewaltiger Stimme sprach er: Was (ist zwischen) mir und dir, Jesus, Sohn Gottes, des Höchsten? Ich bitte dich, quäle mich nicht! 29 Denn eingeschärft hatte |

8 Denn gesagt hatte er ihm: Fahre aus, du
Geist, du unreiner, aus dem Menschen!

9 Und er fragte ihn:
Was (ist) dein Name? Und er sagt ihm:
Legion (ist) mein Name, denn viele sind wir.
10 Und er ersuchte ihn dringend, daß er sie
nicht aussende außerhalb des Landes.

11 Es war aber dort am Berg eine gewaltige
Herde Schweine, die weidete. 12 Und sie
ersuchten ihn und sagten: Schicke uns in
die Schweine, damit wir in sie hineinfahren.
13 Und er gestattete es ihnen. Und aus
fuhren die Geister, die unreinen, und
fuhren hinein in die Schweine, und (da)
stürzte sich die Herde den Abhang
hinunter in das Meer, etwa zweitausend,
und sie ertranken im Meer.

30 Es war aber fern von
ihnen eine Herde von
vielen Schweinen, die
weidete. Die Dämonen
aber ersuchten ihn und
sagten: Wenn du uns
austreibst, sende uns
aus in die Herde der
Schweine. 32 Und er
sprach (zu) ihnen:
Hinweg mit euch! Die
aber fuhren aus und
fuhren in die Schweine.
Und siehe, (da) stürzte

er dem Geist, dem unreinen auszufahren
von dem Menschen. Denn seit langer Zeit
hatte er ihn gepackt, und er wurde gefesselt
mit Ketten und Fußfesseln, zur Bewachung,
und er sprengte die Fesseln und wurde
getrieben vom Dämon in die Wüsteneien.
30 Es fragte ihn aber Jesus: Was ist dein
Name? Der aber sprach: Legion.
Denn hineingefahren waren viele Dämonen
in ihn. 31 Und sie ersuchten ihn, daß er
ihnen nicht gebiete, in den Abyssus zu
fahren.
32 Es war aber dort eine Herde von
zahlreichen Schweinen, die weidete auf dem
Berg. Und sie ersuchten ihn, daß er ihnen
gestatte, in jene hineinzufahren. Und
er gestattete es ihnen. 33 Es fuhren aber
aus die Dämonen von dem Menschen und
fuhren hinein in die Schweine, und (da)
stürzte sich die Herde den Abhang
hinunter in den See und ertrank.

14 Und ihre Hirten flohen und verkündigten
(es) in der Stadt und in den Gehöften; und
sie kamen zu sehen, was das Geschehene
bedeute. 15 Und sie kommen zu Jesus und
schauen den Besessenen sitzen, bekleidet und
bei Sinnen, den, der die Legion gehabt hatte,
und sie fürchteten sich. 16 Und es erzählten
ihnen, die es gesehen hatten, wie dem
Besessenen geschehen war, und von den
Schweinen. 17 Und sie begannen, ihn zu
ersuchen, wegzugehen von ihrem Gebiet.
18 Und als er ins Boot stieg, ersuchte ihn der
vormals Besessene, daß er bei ihm sein
(dürfe).
19 Und er ließ ihn nicht, sondern sagt ihm:
Geh zurück in dein Haus zu den Deinen
und verkündige ihnen, was alles der Herr
dir getan und (wie er) sich deiner erbarmte.
20 Und er ging hin und begann zu predigen
in der Dekapolis, was alles Jesus ihm getan
hatte, und alle wunderten sich.

sich die ganze Herde
den Abhang hinunter
in das Meer, und sie
kamen um in den Was-
sern. 33 Die Hirten aber
flohen und gingen in
die Stadt und verkün-
digten alles, auch das
mit den Besessenen.
34 Und siehe die ganze
Stadt kam hinaus zur
Begegnung mit Jesus,
und als sie ihn sahen,

ersuchten sie ihn,
daß er sich hinweg-
begebe von ihrem
Gebiet.

34 Als aber die Hirten das Geschehene
sahen, flohen sie und verkündigten (es) in
der Stadt und in den Gehöften. 35 Sie aber
kamen hinaus, zu sehen das Geschehene,
und kamen zu Jesus und fanden sitzen den
Menschen, von dem die Dämonen
ausgefahren waren, bekleidet und bei Sinnen,
zu den Füßen Jesu, und sie fürchteten sich.
36 Es verkündigten aber ihnen, die es
gesehen hatten, wie der vormals Besessene
gerettet wurde. 37 Und es flehte ihn an die
ganze Menge (aus) der Landschaft der
Gerasener, wegzugehen von ihnen; denn von
gewaltiger Furcht waren sie befallen.
Er aber stieg in ein Boot und kehrte
zurück. 38 Es bat ihn aber der Mann, von
dem ausgefahren waren die Dämonen, mit
ihm sein (zu dürfen). Aber er schickte ihn
fort und sagte: Kehre zurück in dein Haus
und erzähle, was alles Gott dir tat.
Und er ging hin, in der gesamten Stadt
predigend, was alles Jesus ihm getan hatte.

In der Exegese besteht die These[12], daß uns hier eine Kombination von zwei verschiedenen Geschichten vorliegt. Einmal wird über einen Exorzismus berichtet, wie ihn Jesus des öfteren vorgenommen hat, und ein andermal hören wir von einer seltsamen Begebenheit, bei der Dämonen in einer Schweineherde in den Tod rasen. Sicher ist, daß uns hier eine Geschichte vorliegt, die im Laufe der Zeit mehrmals überarbeitet wurde.

Wenn wir, wie gewohnt, zunächst den Text des Markus betrachten, fallen eine Reihe von »Doppelungen« auf, die in den sonst knapp gefaßten Erzählungen nicht üblich sind:
- Die Begegnung mit dem Besessenen wird in Vers 2 und 6 geschildert;
- daß dieser sich in Gräbern aufhält, erfahren wir in Vers 3 und 5;
- der Dämon bittet den Exorzisten um einen Gefallen, einmal in Vers 10 und dann in Vers 12 (die zweite Bitte ist eindeutig später formuliert worden, als man die »Schweine-Story« anhängte);
- die Hirten berichten zweimal über den Vorfall, Vers 14 und 16;
- in Vers 2 tritt Jesus der Besessene entgegen, in Vers 6 wird die Szene wiederholt.

Diese und andere Eigentümlichkeiten belegen, daß die Geschichte einen Wachstumsprozeß durchlaufen hat. Verschiedene Überlieferungsschichten sind deutlich erkennbar.

Daß Markus hier nicht eine tatsächliche Begebenheit schildert, sondern eine übernommene Erzählung wiedergibt, zeigt auch die geographische Einordnung dieser Geschichte.

Die Stadt Gerasa (heute: Dscherasch) liegt keineswegs am See Gennesaret (nur der kann gemeint sein), sondern im Hochland ca. 60 km südöstlich davon.

Markus war also mit den landschaftlichen Gegebenheiten nicht vertraut. Es besteht die Möglichkeit, daß die ursprüngliche Erzählung in Gerasa spielte. Um der Logik der Geschichte willen wurde dann ein See erfunden, um das Schicksal der Schweine möglich zu machen.

Im übrigen läßt sich die vorliegende Geschichte mühelos in das uns bekannte antike Erzählschema einordnen. Neben einigen spezifischen Besonderheiten unterscheidet sie sich durch nichts von den üblichen Wundergeschichten.

Da wäre zunächst auf die Gräber hinzuweisen, in denen

sich der Besessene aufhält. In der jüdischen Überlieferung werden Gräber mit Vorliebe als Aufenthaltsorte unreiner Geister genannt. Diese Stätten der Unreinheit charakterisieren die Situation des Kranken. Außerdem wird das Bild noch gesteigert durch den Ort der Handlung, Gerasa, der sich nicht von ungefähr auf heidnischem Gebiet befindet.

Die dramatische Situation ist also für einen Juden offensichtlich. Daß zudem in Gerasa Besessene auftreten, ist für ihn auch nicht sehr verwunderlich, da die Götter der heidnischen Fremdkulte als Dämonen gelten.

Eine andere Besonderheit ist der Name des Dämons. »Legion« ist sonst in der Antike nicht geläufig. Vermutlich wurde dieser Name (»denn viele sind wir«) eingefügt, um den scheinbaren Widerspruch aufzulösen, der sich darin zeigt, daß am Anfang von nur einem Dämon die Rede ist, während am Ende jedoch viele Geister in die Schweine fahren.

Sehr schön wird damit auch die außerordentliche Macht Jesu demonstriert, der nicht nur mit einem, sondern mit einer Menge Dämonen fertig wird.

Die Sitte, daß der Dämon sich von seinem Bezwinger etwas wünschen darf, ist aus der ägyptischen Tradition übernommen. Hier bitten die Dämonen, im Lande bleiben zu dürfen, also im heidnischen Gerasa. Die zweite Bitte zeigt, daß sie offenbar die Konsequenzen nicht überblicken, denn sie bedeutet ihren Untergang.

Die Bannung ins Meer ist ein häufiges Motiv antiker Erzählungen. Ebenso die »Sündenbock-Vorstellung« bei der Bannung in die Tiere.

Natürlich sind es hier Schweine, die bei den Juden ja als unreine Tiere galten. Das Motiv der Schadenfreude ist nicht zu übersehen.

Markus hat diese Erzählung bewußt in sein Evangelium übernommen. Er zeigt damit, daß dieser Jesus, an den er glaubt, sogar im Land der Heiden nichts von seiner Vollmacht einbüßt.

Vom Dämon wird er als Sohn Gottes bezeichnet.

Ohne großartiges Ritual muß der Dämon auf Jesu Wort hin ausfahren.

Seine Bannung in die Schweine, die Symbole heidnischer Unreinheit, und die darauffolgende endgültige Vernichtung zeigen die Größe Jesu.

Daß er anschließend von den Hirten gebeten wird, das Land

zu verlassen, macht deutlich, daß die Bedeutung Jesu noch nicht erkannt wurde. Jesus läßt deshalb den Geheilten gewissermaßen als ersten Missionar zurück: »Geh zurück in dein Haus zu den Deinen und verkündige ihnen, was alles der Herr dir getan und (wie er) sich deiner erbarmte.«

Mattäus hat, wie so oft, die Geschichte gekürzt. Er konzentriert sich auf die Person Jesu.

Bereits eingangs ist nur von Jesus die Rede und nicht von Jesus und seinen Jüngern.

Dann korrigiert Mattäus den Markus-Text. Ihm war die unmögliche Verbindung zwischen Gerasa und dem See Gennesaret aufgefallen; und er nennt daher Gadara als Ort der Handlung. Gadara liegt nur 10 km südlich vom See. Zwar müssen die Schweine immerhin noch einiges laufen, aber die Situation ist wahrscheinlicher.

Um das Wunder noch zu steigern, erzählt Mattäus nicht nur von einem, sondern von zwei Besessenen. Außerdem betont er ausdrücklich ihre Gemeingefährlichkeit.

In Vers 29 läßt er bewußt die Beschwörung des Dämons weg, um die Majestät Jesu nicht antasten zu lassen. Für Jesus gibt es keine Gegner, die ihm etwas anhaben könnten. Bei Mattäus gibt es auch kein Zwiegespräch zwischen dem Dämon und Jesus.

Ihm geht es nur um die eindeutig machtvolle Bezwingung des Dämons. Was mit dem Besessenen geschieht, ist für ihn nicht wichtig; er will die Vernichtung des Bösen eindrücklich demonstrieren.

Bei Markus war es umgekehrt. Ihm ging es darum, die gesundmachende Kraft Jesu zu zeigen. Bei ihm wird der Besessene auch nach dem Exorzismus noch geschildert und seine Rolle als Missionar Christi betont.

Mattäus konzentriert sich auf sein majestätisches Christusbild.

Bei ihm kommen nicht nur einige der Stadtbewohner zu Jesus, sondern gleich die ganze Stadt. Sie kommt zur »Begegnung«, als wenn sie eine Einladung erhalten hätte. – Jesus ist der, der festlich empfängt.

Man erkennt deutlich, daß unter der Hand des theologisch geschulten Mattäus die volkstümliche Erzählung zu einer reflektierten Christusgeschichte geworden ist.

Lukas bietet ebenfalls eine eigenständige Textbearbeitung.

Gleich zu Anfang ist er seinen Lesern bei der geographischen Einordnung der folgenden Erzählung behilflich (Vers 26).

Dann hebt er die einsame, erbärmliche Existenz des Besessenen hervor, der wie andere auch in der Stadt gewohnt hatte und nun von dem Dämon gezwungen wurde, in den Gräbern zu hausen.

Lukas erwähnt ausdrücklich, daß dieser seit geraumer Zeit kein Gewand trug, um die spätere Stelle (Vers 53) zu erläutern, in der es heißt, daß der Geheilte bekleidet dasaß.

Außerdem spricht Lukas von »Dämonen« (Mehrzahl), um den später eingefügten Namen »Legion« zu begründen. Er bemüht sich also, die Geschichte stimmig zu machen.

Während des Exorzismus duldet Lukas ebenfalls keine Beschwörungen der Dämonen; lediglich eine Bitte gesteht er ihnen zu.

Sie bitten Jesus, nicht in den Abyssus fahren zu müssen, in den endzeitlichen Abgrund.

Lukas kümmert sich im Gegensatz zu Mattäus wie Markus nach der Austreibung ebenfalls um den Geheilten. Der vormals Besessene sitzt nun zu den Füßen Jesu. Er erscheint wie ein Jünger, dem die Bedeutung der Vollmacht Jesu aufgegangen ist.

# Die Heilung des Blindgeborenen

Nach den bisherigen Beispielen neuzeitlicher Exegese wird sich manchem die Frage aufdrängen, was eigentlich noch übrigbleibt von den biblischen Geschichten. Was unterscheidet denn die Jesus-Geschichten überhaupt noch von all den heidnischen Wundererzählungen? Haben nicht zu Beginn unseres Jahrhunderts die Theologen eindeutige Parallelen zu außerchristlichen Kulturen entdeckt und rücksichtslos herausgearbeitet[13]? Ist nicht gerade in den vorausgegangenen Analysen deutlich geworden, wie durch genaue Textvergleiche die Absichten der Evangelisten erkannt und ihre Erzählungen als unhistorisch durchschaut werden können[14]?

Es ist eindeutig: Sollen die biblischen Geschichten ihren inneren Sinn mitteilen, so muß dieser außerhalb ihrer historischen Faktizität gesucht werden! Können sie nicht wörtlich verstanden werden, so ist ihre Bedeutung durch Interpretation zu erschließen[15].

Im folgenden wollen wir an einem Beispiel aus dem Johannesevangelium eine solche Interpretation versuchen, um zu zeigen, daß hinter den Wundergeschichten der Evangelien reflektierte Theologie zum Vorschein kommt.

Johannes berichtet in seinem Evangelium von der Heilung eines Blindgeborenen[16]:

»Und im Vorbeigehen erblickte er einen Menschen, der von Geburt an blind war. Und seine Jünger fragten ihn: ›Rabbi, wer hat gesündigt, dieser oder seine Eltern, daß er blind geboren wurde?‹

Jesus antwortete: ›Weder dieser hat gesündigt noch seine Eltern. Vielmehr sollen die Werke Gottes an ihm offenbar werden.

Ich muß die Werke dessen wirken, der mich gesandt hat, solange es Tag ist. Es kommt die Nacht, da keiner wirken kann. Solange ich in der Welt bin, bin ich das Licht der Welt.‹

Nach diesen Worten spie er auf die Erde, machte einen Teig aus dem Speichel, strich ihm den Teig auf die Augen und sagte zu ihm: ›Geh, wasche dich in dem Teiche Schiloach‹, das heißt übersetzt: Gesandter.

Er ging also hin und wusch sich und kam sehend zurück.«

Die eingangs gestellte Frage der Jünger zeigt, daß in Israel die Krankheit als Folge der Sünde angesehen wurde. Durch die Antwort, die der Evangelist Jesus daraufhin in den Mund legt, wird bereits deutlich, wie Johannes die alten Wundergeschichten interpretiert.

Die bevorstehende Heilung ist nicht Selbstzweck, sondern sie soll Jesu Vollmacht demonstrieren. Der Blinde sitzt nur deshalb am Wege, damit Jesus an ihm die Werke Gottes offenbaren kann.

Gottes Wirken tritt in Jesus Christus in Erscheinung. Um diesen Gedanken hervorzuheben, gibt sich Johannes keine Mühe, das Wunder der Heilung großartig auszuschmücken. Kurz und bündig schreibt er: »Er ging also hin und wusch sich und kam sehend zurück.«

Damit der Leser sich nicht an Austauschbares klammert, nehmen die Worte Jesu den größten Raum ein. Und in ihnen wird dann auch klar, inwiefern jetzt Gottes Werke offenbar werden. Jesus sagt: »Solange ich in der Welt bin, bin ich das Licht der Welt.«

Dieser Satz ist der eigentliche Inhalt der ganzen Geschichte. Es kommt darauf an, seinen Sinn zu erfassen.

Licht bedeutet das Ende der Finsternis. In der Finsternis aber ist der Mensch gefangen. Umgeben von Schuld und Sünde vermag er nicht, den Sinn seines Daseins zu erfassen. Obwohl mit Geist begabt, vermag er nicht zu ergründen, woher er kommt noch wohin er geht. Er ist darauf angewiesen, durch göttliche Offenbarung seine Richtung, sein Heil angezeigt zu bekommen.

Hier in dieser Geschichte wird klar: Jesus ist diese göttliche Offenbarung, er bringt Licht in die Finsternis menschlichen Daseins. Die Blindheit versinnbildlicht eindrücklich die Situation des Menschen.

Johannes erzählt also diese Geschichte, um die Bedeutung Jesu als das Licht der Welt deutlich zu machen.

Wer das Alte Testament kennt (und ein gläubiger Jude

beherrschte es ganz), weiß ebenso wie Johannes, daß das Wort Licht in Israel eine lange Tradition hat.

Ein Blick in die Psalmen beweist dies:

»Viele sagen: Wer erzeigt uns Gutes?

Erhebe über uns das Licht deines Angesichtes, o Herr. Du hast mir größere Freude ins Herz gegeben, als sie haben bei der Fülle von Korn und Wein.«[17]

»Der Herr ist mein Licht und mein Heil, vor wem sollte ich mich fürchten?«[18]

»Dein Wort ist meines Fußes Leuchte und ein Licht auf meinem Weg.«[19]

Noch eine ganze Reihe von Beispielen ließe sich anführen, um zu zeigen, daß »Licht« in unserer Geschichte nicht einfach eine physikalische Helligkeit bedeutet, sondern als Synonym für die göttliche Erlösung des Menschen aus der Dunkelheit seiner Existenz fungiert. (Unsere heutige Umgangssprache kennt auch die Umschreibung: Mir geht ein Licht auf!, für eine Idee oder eine plötzliche Erkenntnis.)

Vor dem Hintergrund religiöser Erfahrung und Hoffnung des Volkes Israel wird die Geschichte der Blindenheilung also transparent.

Kurz vorher bekräftigt Johannes sein Anliegen ausdrücklich, wenn er Jesus sagen läßt: »Ich bin das Licht der Welt. Wer mir nachfolgt, wird nimmermehr in der Finsternis wandeln, sondern das Licht des Lebens haben.«[20]

Die johanneische Theologie benutzt eine Wundererzählung, um damit Wahrheit auszudrücken.

Die Geschichte weist über sich hinaus. Sie wird zum Zeichen!

Zum Schluß des neunten Kapitels wendet Johannes die allgemeingültige Geschichte nochmals auf die damalige Situation an. Die Pharisäer nehmen natürlich Anstoß an den Worten Jesu. Als die gebildeten Theologen des Judentums wehren sie sich gegen die Anmaßung dieses Mannes.

Als Jesus sagt: »Zu einem Gericht bin ich in diese Welt gekommen, damit die, die nicht sehen, sehend und die Sehenden blind werden«, fühlen sie sich natürlich provoziert und fragen: »Sind etwa auch wir blind?«

Ihre Frage ist mehr als berechtigt, denn immerhin sind sie die Hüter der jüdischen Orthodoxie.

Doch Jesus sagt darauf nur: »Wenn ihr blind wäret, so hättet ihr keine Sünde. Nun aber sagt ihr: ›Wir sehen.‹ Eure Sünde bleibt.«

Obwohl diese Interpretation sicherlich theologisch noch ausgeweitet werden könnte, zeigt sie, daß die eingangs geäußerten Befürchtungen nicht berechtigt sind. Wenn auch die Ungeschichtlichkeit dieses Wunders wahrscheinlich ist, geht doch nichts von seiner Faszination verloren.

Jede Einzelheit der Erzählung deutet über sich hinaus und weist auf übergeordnete Wahrheiten hin. Im Alten Testament wurde Gott als das Licht bezeichnet – im Neuen Testament der Mensch Jesus. Seine Beziehung zu Gott, seine Bedeutung als Christus ist damit mehr als deutlich gemacht. Hier liegt der Sinn der Geschichte.

Jesus Christus ist das Licht, das uns befähigt, trotz dieser Welt sinnvoll zu leben.

Fragen wir uns deshalb, was entscheidender ist: die Tatsache, daß uns das Evangelium von einem Wundertäter, von einem Zauberkünstler erzählt, der über magische Kräfte verfügt – oder daß uns hier eine Botschaft von der neuen Freiheit des Menschen übermittelt wird?

Es geht nicht darum, Gott gewisse Dinge zuzutrauen oder nicht, sondern es geht darum, zum Kern seiner Offenbarung vorzudringen!

# V. Kapitel

»Die Wunder, die Christus und seine Jünger taten, waren das Gerüst und nicht der Bau. Das Gerüst wird abgerissen, sobald der Bau vollendet ist.«

Lessing

# Die Sprache der Bibel

Die Entdeckungen theologischer Forschung sind nicht selten Anlaß zu Kritik an der Kirche oder am Christentum. Es ist auch nicht schwer zu verstehen, daß gerade die entmythisierenden Forschungsergebnisse immer wieder den alten Verdacht unterstützen, die biblische Überlieferung sei ein Glanzstück menschlicher Phantasie und nichts weiter.

In der Tat kann es auf den ersten Blick so aussehen, als hätten uns die Verfasser des Neuen Testamentes lediglich frei erfundene Märchen erzählt. Doch eine genauere Beschäftigung mit den Texten, wie sie in den vorangegangenen Untersuchungen angedeutet wurde, verhindert ein unkritisches Für-wahr-Halten ebenso wie eine pauschale Ablehnung der Bibel als ungeschichtliches Hirngespinst.

Das was die wissenschaftliche Forschung entdeckt, ist nichts anderes als eine Möglichkeit des besseren Verständnisses der Offenbarung.

Von der Zeit, in der das Neue Testament geschrieben wurde, trennen uns Welten (vom Alten Testament ganz zu schweigen). Sprache, Kultur, gesellschaftliche und politische Verhältnisse und nicht zuletzt die Religiosität sind von der unseren total verschieden; und genau darin sind die eminenten Zugangsschwierigkeiten vieler Zeitgenossen zur christlichen Religion begründet.

Wenn die Theologie nun die Heiligen Schriften kritisch unter die Lupe nimmt und versucht, den Kern der Offenbarung von allem zeitbedingten Rankwerk zu »entdecken«, dann macht sie es möglich, daß wir trotz verändertem Weltbild heute noch aus dieser für uns göttlichen Offenbarung leben können.

Wenn es richtig ist, daß der heutige Mensch erhebliche Verständnisschwierigkeiten mit der Bibel hat, so kann das verschiedene Gründe haben. Ein Grund dafür liegt mit Sicherheit in der Sprache.

Die Sprache, durch die sich der Mensch verständigt, die ihm

die Möglichkeit gibt, in Form von Begriffen die ihn umgebende Wirklichkeit zu erfassen und so mitzuformen, hat sich in den vergangenen 2000 Jahren in der Tat verändert.

Dabei hilft es uns wenig, lediglich die Vokabeln in unsere heutige Umgangssprache zu übersetzen, denn wesentliches Verständnis bleibt so verborgen. Die Sprache des Menschen ist ja nicht nur ein Mittel zur Bezeichnung von Gegenständen oder Zuständen zum Zweck der Bedürfnisbefriedigung, sondern in ihr kommt das Innerste des Menschen zum Ausdruck. Gefühle, Launen, Freude und Schmerz werden durch Sprache nach außen getragen. Dabei kann ein Kontakt zwischen Menschen erreicht werden, der den rein körperlichen noch übertrifft. Nicht umsonst spricht man davon, daß man sich in der Sprache »ausdrückt«, »öffnet«, »offenbart«, »erfaßt«, »begreift« oder »versteht«.

Die Sprache läßt erkennen, welches Verhältnis zur Wirklichkeit vorhanden ist. Denken und Sprechen stehen in einem unmittelbaren Zusammenhang.

Die unterschiedlichen Sprachen der Völker sind darüber hinaus deutlich geprägt durch das Verhältnis der Menschen zur sie umgebenden Natur. So entwickelten sich, bedingt durch zahlreiche Umweltfaktoren wie Klima, Bodenschätze, Landschaft, Hautfarbe, Reichtum oder Armut und natürlich durch die eigene Tradition, unterschiedliche Begriffswelten. (Jeder von uns hat bereits die Erfahrung gemacht, daß ihm bei Fahrten ins Gebirge oder ans Meer, wie man sagt, ein ganz anderer »Menschenschlag« begegnet ist.)

Sitten und Gebräuche, Denkweisen und Sprachformen sind also abhängig von der jeweils gestalteten Wirklichkeit. (So haben beispielsweise die Eskimos allein zwanzig Ausdrücke für »Schnee«.)

Sich mit einem Menschen verständigen zu können, der »aus einer anderen Welt« kommt, ist daher nicht nur eine Frage des Wörterbuches. Um nicht aneinander vorbeizureden, muß man sich vertraut machen mit einer anderen Art der Darstellung und einer anders gearteten Begriffswelt, die ja nicht weniger in der Lage ist, Wirklichkeit zu erfassen und Wahrheit auszudrücken. Das ist das eine!

Ein anderes Problem, das unbedingt ins Spiel gebracht werden muß, um Verstehen zu ermöglichen, ist die unterschiedliche Mitteilungsqualität verschiedenster sprachlicher Formen.

Wenn wir Wunderberichte der Bibel auf ihre historische Glaubwürdigkeit hin untersuchen wollen, so ist zunächst zu fragen, ob wir damit dem Anspruch der Texte überhaupt gerecht werden.

Was ist gemeint?

Denken wir einmal daran, unter welch unterschiedlichen Gesichtspunkten erzählende Texte an historische Tatsachen herangehen. Wir unterscheiden z. B. zwischen einer Zeitungsnachricht, einem Protokoll, einer Reiseerzählung, einem historischen Roman, dem Werk eines Geschichtsschreibers, einer Autobiographie oder einer Sage.

Jede dieser verschiedenen »Gattungen« berücksichtigt Tatsachen in einer anderen Weise und setzt unterschiedliche Akzente. Doch würde sicherlich niemand sagen, daß die eine wahrer sei als die andere. Nach den Kriterien von wahr und falsch lassen sich die Aussagen dieser literarischen Gattungen überhaupt nicht unterscheiden, denn jede hat ihr eigenes Interesse an der Wirklichkeit und dementsprechend auch ihre eigene Art, davon zu erzählen. Jede Gattung hat also je nach ihrer besonderen Aussageabsicht ein anderes Verhältnis zu den »nackten Tatsachen«.

Diese wichtige Erkenntnis darf nun nicht außer acht gelassen werden, wenn wir die Bibel aufschlagen. Hier begegnen uns nämlich die verschiedensten Texte mit den verschiedensten Intentionen (z. B. Lieder, Briefe, Gleichnisse, volkstümliche Erzählungen, Militärberichte, Reden, Skandalgeschichten, Stammbäume, Liebesgedichte, Liturgien, philosophische Dialoge, Märchen und Novellen).

Es ist deshalb wichtig, sich erst mit dem eigenen Anspruch eines Textes vertraut zu machen, bevor Kriterien wie wahr oder falsch über seine Bedeutung entscheiden.

Wenn sich nun unsere Wundergeschichten der Form der Erzählung bedienen, so ist dies eine Sprache, die uns in der Tat fremd geworden ist. In unserem technisierten Zeitalter wird eine andere Sprache verlangt. In den Massenmedien, im Berufsleben und im Geschäftsverkehr, in Wissenschaft und Technik und in allen Bereichen der Diplomatie verständigt sich der Mensch durch klare Berichte und tatsachenorientierte Darstellungen und legt Wert auf nachprüfbare Fakten. Und dennoch ist es unerläßlich, uns auf diese andere Art des Begreifens und der Mitteilung einzulassen, soll uns die Überlieferung der Bibel etwas bedeuten.

Erzählen ist die älteste Form mündlicher Überlieferung und die ursprünglichste Art der Wirklichkeitserschließung.

Abseits der offiziellen Welt, im Kontakt mit dem Kind oder unter Verliebten ist auch heute noch eine bildliche, märchenhafte Sprache die einzige »verständliche« Art der Kommunikation.

Die Erzählung kümmert sich nicht so sehr um Zahlen und Fakten, sondern es ist ihre Aufgabe, Zusammenhänge transparent zu machen und Verstehen zu ermöglichen. Der Erzählende gibt dabei nicht einfach Sachverhalte objektiv wieder, sondern er selbst kommt in der Erzählung vor. Sein Verstehen formt die Erzählung. Sein Bezug zu dem Geschehen steht im Vordergrund. Die Erzählung kann nur dann überzeugen, wenn er an die Wahrheit, die seine Geschichte vermitteln soll, glaubt.

Es geht hier also um eine andere Dimension der Wahrheit, ganz gleich ob Legenden, Mythen, Sagen oder Lebensschicksale erzählt werden. Es geht um Erlebnisse von Menschen, die von ihnen an andere weitergegeben werden, indem sie das Erlebte in Form von Geschichten mit für uns oft unwahrscheinlichen Inhalten erzählen, um dem Hörer die Möglichkeit des Verstehens und Erfahrens zu geben.

Ähnlich wie in der expressionistischen Malerei löst man sich von der Enge des Gegenständlichen, um die Wirklichkeit nicht nur zu reproduzieren, sondern zu interpretieren.

Wenn die Erzählung die Wirklichkeit nicht nur beschreibt, sondern zugleich deutet, so geschieht dies immer durch engagierte Stellungnahme des Erzählers. Und ebenso ist der Zuhörer engagiert. Er klammert sich nicht an austauschbare Inhalte, sondern versteht die Erzählung quasi von innen her und kann so das »Umschriebene« erleben. Die Ausdruckskraft der Bilder ist dabei von entscheidender Bedeutung. In ihnen können Erlebnisse und Situationen verdeutlicht und veranschaulicht werden. Erfahrungen werden somit nachvollziehbar.

Die uns überlieferten Schriften der Bibel bedienen sich also einer mythischen, erzählenden Sprache, weil es ihnen nicht darum geht, Informationen über geschichtliche Ereignisse zu geben; sondern sie wollen ihr Verhältnis zu Gott in Geschichten einfließen lassen, um dadurch ein Betroffensein beim Hörer zu erreichen und ihn von der frei machenden Kraft des Glaubens zu überzeugen.

Die mythische Sprache vermag das zu beschreiben, was den

Menschen »unbedingt angeht«. Sie vermag eine Wahrheit auszudrücken, die hinter dem steht, was uns allen täglich unmittelbar begegnet.

Insofern ist der Mythos nicht etwas, das der sachlichen Information oder der wissenschaftlichen Mitteilung widerspricht, sondern er ergänzt und übersteigt sie ganz entscheidend. Der Mythos ist eine andere Art, Wirklichkeit zu eröffnen und Wahrheit zu vermitteln.

»Im Logos wird der Mensch wissend, im Mythos weise.«[1]

# Das Wunder und die Naturgesetze

In der bisherigen Betrachtung ist wohl eines deutlich geworden: Die Menschen zur Zeit Jesu waren an einer historisch-kritischen und tatsachenorientierten Darstellung der Ereignisse nicht interessiert. Ihnen ging es ausschließlich um die Wirkung ihrer Erzählung.

Wenn der heutige Mensch mit seiner rationalen Denkweise den Wunderberichten sehr kritisch bzw. ablehnend gegenübersteht, so ist ein Grund dafür auch in dem gänzlich veränderten Weltbild zu suchen. Das heutige technologische Zeitalter orientiert sich an den Erkenntnissen der Naturwissenschaft und verweist religiöse und metaphysische Wahrheiten in den Bereich der unbewiesenen Spekulation. Die Gesetzmäßigkeit der Natur kann wissenschaftlich erkannt werden und hat die »Hypothese Gott« nicht mehr nötig. Der mathematische Beweis bestimmt über wahre und falsche Aussagen.

Ganz anders in der Zeit des Alten und Neuen Testamentes. Die Menschen dachten nicht naturwissenschaftlich, und daher gab es für sie auch faktisch keine Durchbrechung oder Verletzung von natürlichen Gesetzmäßigkeiten.

Der Kulturraum der biblischen Zeit hatte ein eindeutig mythisches Weltbild, welches natürlich auch die einzelnen Schriften sowohl des Alten als auch des Neuen Testamentes beeinflußte.

Dieses Weltbild ging davon aus, daß die Erde der Mittelpunkt der von Gott geschaffenen Welt sei. Räumliche Kategorien galten für diese Erde ebenso wie für Himmel und Hölle.

In der Tiefe der Erde dachte man das Totenreich, das von Jahwe beherrscht wird. Der Satan und seine Dämonen als die ärgsten Widersacher Gottes ziehen auf der Erde umher und versklaven den Menschen und seine Welt durch die Macht der Sünde und des Unheils. Über der Erde, im Himmel, der über dem sichtbaren Firmament liegt, wohnt Gott. Sein Thron ist umgeben von Engeln, seinen himmlischen Heerscharen.

Von dort oben übersieht Gott die Erde und das Leben der Menschen und leitet ihr Geschick.

In einem solchen Weltverständnis gibt es keine gegensätzlichen Kontraste zwischen Natur und Übernatur. Es gibt keine natürliche Gesetzmäßigkeit als eigenständige Größe neben Gott. Alles Geschehen wird vielmehr auf Gott zurückgeführt.

Es gibt also weder wunderbare Ereignisse, die der Gesetzmäßigkeit der Natur entsprechen, noch solche, die sie durchbrechen. Alles, was geschieht, jedes Ereignis, zählt zu den Großtaten Gottes, untersteht seiner Macht und gilt als Zeichen für den Menschen.

Daß es »Wunder« gibt, also Ereignisse, die das Begriffsvermögen des Menschen überschreiten und deren Ursachen er nicht erklären kann, galt auch bei den Heiden als selbstverständlich.

Ob es sich nun dabei um ein Gewitter oder um eine Totenerweckung, um einen Sturm oder um eine Krankenheilung handelte, ganz gleich: wenn es den Menschen verwunderte, wenn er staunend davorstand und seine menschliche Beschränktheit erkannte, verbarg sich dahinter die Macht Gottes oder die eines Dämonen. Das Größere, das Übermenschliche konnte greifbar und bewußtgemacht werden.

Von daher muß die Unmöglichkeit gesehen werden, Intention und Weltbild der Wunderberichte in eine vom Menschen abstrahierende, am Kausalgesetz orientierte Naturbetrachtung einzufügen.

Die Wundererzählungen müssen in ihrer funktionalen Bedeutung gesehen werden!

Ein Vergleich mit der antiken Geschichtsschreibung ist hier angebracht. Der Historiker der damaligen Zeit war bemüht, die historischen Tatsachen so einzusetzen und gegebenenfalls zu verändern, daß ein möglichst positives Licht auf die Geschichte seines Landes fiel.

Auch die Juden versuchten, die Geschichte Israels großartig auszuschmücken, um ihre Begnadetheit durch Jahwe auszudrücken.

Der Durchzug durchs Rote Meer, die Gesetzesübergabe am Sinai durch Gott persönlich und die Erbauung des Tempels, um nur einige Stationen zu nennen, waren natürlich geeignet, Israel mit gewissem Respekt zu begegnen. Die Erzählungen von Wundertätern, von frommen und gerechten Männern, die über besondere Kräfte verfügten, die Dämonen austrieben, Kranke heilten und sogar Tote erweckten, taten das übrige.

(Das jüdische Rabbinat äußerte sich übrigens sehr zurückhaltend zu den Wundererzählungen. Man zweifelte zwar nicht an der Möglichkeit und Wirklichkeit, aber erkannte sie nicht als schlüssige Beweise in strittigen Lehrfragen an. Allein das Gesetz konnte hier entscheiden.)

Obwohl man von der kommenden messianischen Zeit eine Fülle von wunderbaren Handlungen Gottes erwartete, stellte man sich den Messias selbst nicht als Wundertäter vor. Er hatte seine Würde nicht durch Wunder auszuweisen, sondern durch die Erfüllung der Schrift.

Die Bibel hat also ein anderes Verhältnis zur Historie als wir. Was in ihren Schriften nun geschichtliches Faktum ist und was um der Interpretation willen dazugedichtet wurde, läßt sich heute oft nur schwer erkennen.

Für die damalige Zeit jedoch gab es diese Schwierigkeiten nicht. Den Evangelisten kam es nur darauf an, daß Jesus *auch* Wunder gewirkt hat, um ihn nicht hinter anderen großen Gestalten zurücktreten zu lassen. Er sollte sehr wohl konkurrenzfähig sein und nach Möglichkeit alle anderen Wundertäter übertreffen.

Auf den Gedanken, ein Wunder nachträglich zu überprüfen oder zu beweisen, kam niemand. Auch wird nirgends berichtet, wie sich ein Wunder nun in allen Einzelheiten abgespielt hat, wie etwa eine Krankenheilung vor sich ging. (Erst in der Aufklärung stellte man ausführliche Analysen an, wie Bahrdt und Strauß es demonstriert haben.) Weder eine genaue Diagnose noch eine medizinische Therapie sind für den Erzähler und offenbar auch für den Hörer von Bedeutung.

Die Wundererzählungen wollen nicht erklären oder beschreiben, sondern einzig und allein Bewunderung über das Unglaubliche hervorrufen und die »Übermenschlichkeit« des Wundertäters verkünden. Aus diesem wichtigen Grund ist dem Reutlinger Religionspädagogen Hubertus Halbfas zuzustimmen, wenn er sagt: »Nur der pragmatisch eklatant Verbildete würde die mythische Sprache dieser Texte mißverstehen und als historische Berichte ansehen. – Mit Fug und Recht darf die Exegese annehmen, daß hinter solcher Darstellung reflektierter Mythos in bewußt eingesetzter Bedeutungsfunktion steht.«[2]

Nach alledem ist es nicht mehr wichtig, ob Wunder als Durchbrechung von Naturgesetzen möglich sind. Eine solche Frage wurde zur Zeit der Bibel bejaht – heute muß sie verneint werden, da wir eine ganze Menge mehr über die Natur wissen und selbst unerklärliche Ereignisse nicht übernatürlich erklären, sondern ihre Ursachen mit Recht in vielleicht noch unbekannten natürlichen Gesetzmäßigkeiten vermuten müssen.

Einzig die Funktion der Wunder ist von Bedeutung und muß im folgenden gesehen werden. Wunder sind in der Heiligen Schrift nicht Inhalt der Verkündigung, sondern Mittel. Ihnen kommt keine historische, sondern lediglich eine funktionelle Relevanz zu!

# Der originelle Charakter des Wunders in der christlichen Verkündigung

Wie bereits gezeigt, entstanden die Evangelien in den urchristlichen Gemeinden als Zeugnisse der Verkündigung des Auferstandenen. Die Wunderfreudigkeit der damaligen Zeit verlangte danach, Jesus als Wundertäter darzustellen, um seine Größe und seine Vollmacht zu unterstreichen.

Ebenfalls wurde deutlich, daß außerchristliche Motive und vollständige Erzähleinheiten fremder Kulturen auf Jesus übertragen wurden. All dies diente dem einen Zweck der christlichen Verkündigung: Jesus von Nazaret als den wahren Messias, den von Gott erhöhten Christus, als den Herrn über Leben und Tod, den wahren Gottessohn zu charakterisieren und seine Botschaft als das Heil der Menschheit darzustellen.

Übernommene heidnische Wundergeschichten bekommen in der christlichen Verkündigung einen neuen Sinn und haben symbolische Bedeutung für die Gemeinden.

Versuchen wir, aufgrund dieses veränderten Wunderverständnisses das Phänomen in den Griff zu bekommen, könnte sich folgende Definition eines Lexikons anbieten:

»Wunder ist ein Verwundern erregendes Geschehen, das für das betrachtende religiöse Subjekt den Charakter des Geheimnisvollen und Ungewöhnlichen hat und daher zum Erlebnis der in ihm wirkenden und sich manifestierenden göttlichen Kraft führt.«[3]

Hier wird jetzt nicht mehr davon geredet, daß Wunder sich dadurch auszeichnen, daß sie Naturgesetze durchbrechen. Wunder machen nicht das Unmögliche möglich, sondern das Tatsächliche ungewöhnlich.

In der christlichen Verkündigung kommt dem Wunder kein argumentatives Gewicht mehr zu, d. h. die Christen glauben nicht wegen der Wunder, sondern wegen Jesus. Die von ihm berichteten Wundertaten machen ihn nicht erst zum Gottessohn, sondern verstärken mit ihren Mitteln die Bedeutung seiner Person.

Bei allen bereits herausgestellten Ähnlichkeiten der Jesus-Wunder mit der antiken Erzähltradition sind die gewichtigen Unterschiede nicht zu übersehen.

Heidnische Wundergeschichten werden zwar auf Jesus übertragen, erhalten aber ihren neuartigen und besonderen Stellenwert innerhalb des jeweiligen Kontextes. Dabei können sich scheinbare Gegensätzlichkeiten ergeben, die jedoch bei näherem Hinsehen die neue Tendenz des Wunderverständnisses andeuten.

Johannes liefert dafür in seinem Evangelium ein gutes Beispiel:

Der Wundersucht der Bevölkerung nachkommend, übernimmt er aus dem griechischen Dionysosmythos die allen bekannte Erzählung von der Verwandlung von Wasser in Wein. Eingegliedert in die Geschichte von der Hochzeit zu Kana, wird dieses Wunder zu einem Beweis für die Göttlichkeit Jesu.

Am Schluß der Erzählung betont Johannes ausdrücklich den Sinn und die beabsichtigte Wirkung des Wunders, wenn er schreibt: »Diesen Anfang der Zeichen machte Jesus zu Kana in Galiläa und offenbarte seine Herrlichkeit, und seine Jünger glaubten an ihn.«[4]

Die Wunderfähigkeit legitimiert Jesus als den Gottessohn. Deshalb heißt es am Schluß des Evangeliums: »Noch viele andere Zeichen, die nicht in diesem Buche aufgeschrieben sind, hat Jesus vor seinen Jüngern gewirkt. Diese aber sind aufgeschrieben, damit ihr glaubend Leben habt in seinem Namen.«[5]

Die Wunder Jesu führen also zum Glauben.

Nun, das ist wahrhaftig nichts Neues, denn zu allen Zeiten sollten die Wunder Glauben erzeugen. Doch Johannes geht einen Schritt weiter. Er reduziert die Bedeutung der Wunder, wenn er in demselben Evangelium Jesus zu der Wundersucht Stellung nehmen läßt.

Als ein königlicher Beamter ihn bittet, seinen kranken Sohn zu heilen, sagt Jesus zu ihm: »Wenn ihr nicht Zeichen und Wunder seht, so glaubt ihr nicht.«[6]

Auf der einen Seite führen die Wunder zum Glauben, auf der anderen scheinen sie nicht unbedingt notwendig zu sein.

Dieser Gegensatz oder dieses Spannungsverhältnis kennzeichnet die neue Tendenz des Wunderverständnisses.

Der Wunderglaube an sich wird von Jesus nicht kritisiert, sondern vielmehr die Sucht nach dem Wunder. Die Botschaft Jesu soll den Menschen überzeugen ohne vorherigen Wunderbeweis. Ein Glaube, der sich nur auf Wunder und Zeichen gründet, ist nicht der von Jesus bestätigte Glaube. Ein »normales« Wunder kann nicht die Wahrheit seiner Worte erweisen und den Menschen das glaubende Verstehen ersparen.

Nach dem Erleben eines wunderbaren Ereignisses ist der Glaube an den Wundertäter beinahe eine notwendige Schlußfolgerung und bedarf keines vertrauenden Sich-Einlassens auf die Wahrheit seiner Person.

Der Glaube aufgrund eines Wunderbeweises ist vordergründig und birgt deshalb die Gefahr des Mißbrauchs in sich.

Im Markusevangelium warnt Jesus eindringlich vor den übertriebenen Wunderforderungen: »Denn es werden falsche Messiasse und falsche Propheten auftreten und werden Zeichen und Wunder tun, um womöglich auch die Auserwählten irrezuführen.«[7]

Gerade Menschen mit schwärmerisch-religiösen Erwartungen erliegen leicht der verführerischen Macht der Wunder. Der Glaube an Jesus hängt jedoch nicht von Demonstrationen ab.

In den Evangelien sind die Wundergeschichten meist mit Worten Jesu verbunden und erhalten somit einen gewissen Lehrcharakter. Ihre Funktion ist nun mehr unterstützender Art. Das Wunder ist nicht mehr Selbstzweck, nicht mehr alleinige Legitimation, sondern Mittel zum Zweck, Mittel zur Selbstoffenbarung Jesu.

Erinnern wir uns noch einmal an den Gelähmten, den man durch das Dach zu Jesus heruntergelassen hat[8]. Angesichts des kranken Menschen, der ihn flehend anschaut und auf seine Hilfe hofft, sagt Jesus zu ihm: »Kind, deine Sünden sind dir vergeben.«

Ein ungeheueres Wort! Für jeden theologisch Gebildeten ist es klar, daß nur Gott allein Sünden vergeben kann. Ein solcher Anspruch ist für die anwesenden Exegeten eine eindeutige Gotteslästerung.

Jeder weiß, daß dieser Gelähmte schwer gesündigt haben muß, da Gott ihn mit dieser Krankheit strafte. Und allein Gott kann die Schuld und auch die Krankheit von diesem Menschen nehmen.

Jesus behauptet nun von sich, diese göttliche Macht zu besitzen und Sünden vergeben zu können.

Doch zugleich weiß er, welche großen Schwierigkeiten der Mensch hat, dieses Geheimnis der Menschwerdung Gottes zu erkennen. Und gewissermaßen als Hilfe für jeden Anwesenden, ihn als Sohn Gottes zu erkennen und zum Glauben zu finden, spricht er zu dem Kranken: »Ich sage dir, steh auf, nimm deine Bahre und geh heim.« Und da geschieht das Wunder! Der Gelähmte steht auf, kann gehen und ist gesund.

Hier wird ganz deutlich, wie das Wunder im Dienst der Verkündigung des kommenden Gottesreiches eingesetzt wird. Jesus erscheint nicht als heidnischer Gottesmann, der wie ein Heilpraktiker darauf aus ist, möglichst viele Leute gesund zu machen und damit Geld zu verdienen. Er heilt nicht regelmäßig oder verblüfft in festen Abständen seine Zeitgenossen mit irgendwelchen Zauberkunststücken.

Bei ihm gibt es keine Profitwunder. Er wirkt keine Wunder, die ihn aus einer Situation retten, die für ihn unangenehm oder gefährlich werden könnte. Er will mit seinen Wundern nicht strafen und nicht belohnen, es geht ihm nicht um Show.

Die Wunder, die die christlichen Schriftsteller Jesus zuschreiben, zeigen gleichzeitig etwas von seiner Mentalität und offenbaren sein Bild von Gott und dem Menschen.

Und noch etwas ist entscheidend für das veränderte Wunderverständnis. Der größte Teil der Wundertaten Jesu richtet sich an konkrete Personen. Die Auswahl dieser Personen ist sicherlich nicht zufällig. Ebenso wie er sich immer gerne mit gesellschaftlichen Randexistenzen abgibt und dadurch Aufsehen erregt, hilft er durch seine Heilungen und Dämonenbannungen immer gerade den Ausgestoßenen, den Armen und Schwachen, den Sündern und den Vernachlässigten (Frauen, Sklaven, Aussätzige, Blinde, Stumme, Gelähmte und geistig Behinderte).

Hier wird ein Engagement sichtbar, das bei den übrigen antiken Wundertätern vollkommen unbekannt war. Es ist zu erkennen, wie sehr Jesus die Rangordnungen und Maßstäbe der bestehenden Gesellschaft verurteilt und umkehren will.

Er hilft gerade den Menschen, die unter diesen gesellschaftlichen Verhältnissen zu leiden haben, menschenwürdig zu leben. Für ihn sind alle gleich als Geschöpfe Gottes. Er verkündet in seinen Worten das kommende Reich Gottes und zeigt durch seine Taten und Wunder, daß jeder Mensch – auch der verachtete, der ausgestoßene, der sündige – von Gott angenommen ist.

Deshalb sind seine Taten ohne seine Worte nicht oder nur falsch zu verstehen. Die aus der Antike übernommenen heidnischen Wundergeschichten werden praktische Verkündigung!

## Die Historizität der Wunder Jesu

Trotz dieses funktionalen Verständnisses der biblischen Wundergeschichten taucht die Frage nach der Geschichtlichkeit von Wundern immer wieder auf. Gerade in den letzten Jahren wurde wiederholt der Versuch unternommen, die Möglichkeit von Wundern zu beweisen. Dabei kam es nicht selten zu eher fragwürdigen Beweiskonstruktionen, die in der Wissenschaft nur wenig Anklang gefunden haben. Andere Untersuchungen dieser Art sind allerdings nicht ohne weiteres von der Hand zu weisen, auch wenn die Bedeutung solcher Beweise immer mehr abnimmt.

Bei einer genauen Betrachtung der Wundergeschichten und bei dem Vergleich der Erzählungen kann man feststellen, daß nicht alle Wundertaten auf derselben Ebene liegen.

Während beispielsweise die Verwandlung von Wasser in Wein eher in den Bereich der Zauberei und der Magie zu rükken ist, kann die Heilung eines Aussätzigen aufgrund psychologischer Einflüsse möglich sein. Die Medizin kennt heute den psychosomatischen Charakter einiger Krankheiten. Es ist bekannt, daß starke seelische Belastungen auf den Organismus negativ einwirken können. Weiterhin weiß man, daß sehr oft der Glaube des Kranken an die Wirksamkeit eines Medikamentes oder an die Fähigkeit eines Arztes die Widerstandskraft des Körpers gegen die Krankheit erheblich steigert.

Nimmt man nun an, daß unter dem Begriff »Aussatz« psychogene Hautkrankheiten zu verstehen sind, die durch psychische Therapie zu heilen sind, so muß die Möglichkeit offengelassen werden, daß sich solche Heilungen ereignet haben.

Der Glaube an Jesus und seine Macht kann Krankheiten geheilt haben. Diese Annahme findet ihre Bestätigung in den Aussagen von Markus und Mattäus[9], wonach Jesus in seiner Heimat keine Wunder wirken konnte, weil die Menschen nicht an ihn glaubten.

Die historisch-kritische Untersuchung der Wundererzählungen läßt, wie zu zeigen war, eine eindeutige Beurteilung der

Möglichkeit oder Unmöglichkeit von Wundern nicht zu. Aus diesem Grunde ist dem Tübinger Theologen Hans Küng uneingeschränkt zuzustimmen, wenn er sagt: »Wer Wunder im strengen Sinn behaupten will, hat die Beweislast!«[10]

Und dieser Beweis ist nicht zu erbringen.

Um aber dennoch einen Zugang zu den Wundern zu bekommen, zeigt diese Untersuchung ein neues Verständnis auf und bietet die Möglichkeit, sich verstandesmäßig einem Phänomen zu nähern, ohne es durch ein gläubiges »muß« ungefragt zu tolerieren.

## Die geschichtliche Artikulation der Offenbarung

Noch etwas ist durch die Betrachtung der biblischen Wunderberichte deutlich geworden.

Eine willkürliche Interpretation der Heiligen Schrift ist nicht erlaubt. Die Ergebnisse der Bibelwissenschaften können nicht mehr ignoriert werden. (Daß dies trotzdem auch unter heutigen Theologen immer wieder geschieht, haben die Definitionsversuche am Anfang gezeigt.)

Die Schriften der Bibel sind für den gläubigen Christen Wort Gottes und Offenbarung für den Menschen. Nun wissen wir, daß dieses Wort Gottes in Menschenwort erscheint, in menschlicher Sprache und von Menschen geschrieben. Das wiederum heißt, daß jedes Wort in der Bibel als jeweils geschichtlich bedingte Artikulation der menschlichen Einsicht in die Wahrheit des lebendigen Gottes verstanden werden muß.

Jesus Christus ist Mensch geworden in einer ganz bestimmten Zeit, in einer ganz bestimmten politischen, gesellschaftlichen und geschichtlichen Situation. Er hat ganz konkrete Menschen getroffen. Er hat mit ihnen gelebt und hat zu ihnen gesprochen.

Einige von ihnen waren von seiner Person und von seiner Botschaft fasziniert und erkannten in ihm den verheißenen Messias.

Der Glaube an Jesus Christus ist also eine geschichtliche Erfahrung und bedarf daher einer vermittelnden Überlieferung.

In dem Moment, wo über die abstrakte Mitteilung »Jesus ist der Christus, der Messias, der Sohn Gottes« hinaus sein Leben und sein Werk beschrieben ist, treffen wir immer wieder auf die Kultur, auf das Weltbild und auf die Sprache, die diese Überlieferung beeinflußten.

Es ist deshalb unbedingt erforderlich, die Wahrheit der biblischen Offenbarung aus dem geschichtlichen Kontext zu bergen, um auch heute noch christlichen Glauben in bezug auf die Überlieferung der Heiligen Schrift leben zu können.

Auch wenn der Glaube in einem zeitbedingten Denken seinen Ausdruck findet, darf er nicht auf ein zeitbedingtes Weltbild fixiert sein.

Überall dort, wo beispielsweise ein mythisches Weltbild die biblischen Schriften durchzieht, muß es vom Kern der Offenbarung abgehoben werden. Der Glaube an die Wahrheit Gottes kann nur bestehen, wenn er den Wandel des Denkens, Erfahrens und Wissens entsprechend mitvollzieht.

Eine Kritik an den Texten der Heiligen Schrift ist also durchaus legitim. Der Sinn einer solchen konstruktiven Kritik besteht darin, dem heutigen Menschen die biblische Botschaft in ihrem ursprünglichen Anspruch vorzustellen. Dazu gehört, daß jeder Mythos als solcher erkannt wird und nicht als objektives Faktum verkündet und somit mißverstanden werden kann.

Überall dort, wo die Überlieferung von einem mythischen Weltbild geprägt ist, muß dessen zeitbedingte Relativität aufgezeigt werden, um es gerade heute wieder verstehen zu können.

Dabei kann es nicht darum gehen, den Mythos zu zerstören; sondern es ist das Ziel dieser aufklärerischen Arbeit, die eigentliche Aufgabe des Mythos als Bedeutungsträger herauszustellen und einen Zugang für den heutigen Menschen zu ermöglichen. Nicht eliminieren, sondern interpretieren!

Zum Schluß sei mit Hubertus Halbfas gesagt: »Wenn wir in der mythischen Sprache als Chiffresprache erblicken, hören, denken, wenn wir keine konkrete Vergewisserung ohne solche Sprache anschaulich machen können, so dürfen wir doch zugleich wissen: Es gibt keine Dämonen, es gibt keine magisch-kausale Wirkung, es gibt keine Zauberei!«[11]

## Schlußbemerkung

Seit es Menschen gibt, gibt es Religion. – Im Gegensatz zu allen anderen Lebewesen vermag der Mensch über sich selbst nachzudenken. Er allein ist in der Lage, die Bedeutung seiner Existenz zu reflektieren. Dieses Nachsinnen über sich selbst läßt ihn immer wieder Grenzen seiner selbst erkennen. Die Unfähigkeit, letztlich den Sinn seines Daseins zu begründen, verweist ihn auf eine andere Zuständigkeit, die für ihn unfaßlich ist.

Der religiöse Mensch versucht nun, sich dieser anderen, letzten Zuständigkeit zu nähern, indem er seine Abhängigkeit eingesteht und mit einer anderen, außer ihm selbst liegenden Wirklichkeit rechnet. Die Antwort auf seine letzten Fragen erwartet er von dieser anderen Wirklichkeit, von Gott.

Wenn das so ist, dann ergibt sich daraus die Schwierigkeit, davon zu erzählen. Seit es religiöses Bewußtsein gibt, versuchen die Menschen, es zu artikulieren. Aber wie über etwas reden, wenn dafür klare, eindeutige Begriffe fehlen?

Das Sprechen über Gott, über seine Beziehung zu den Menschen, ist immer in der Gefahr, unverständlich zu bleiben. Es gibt keine adäquate Möglichkeit, über transzendentales »Wissen« sprachlich zu verfügen.

Diese Unfähigkeit, letztlich klar und eindeutig über Religion reden zu können, zwingt den Menschen dazu, sich in Bildern, Beispielen, Gleichnissen und Symbolen auszudrücken. – Wundergeschichten waren in der biblischen Zeit Mittel, über Gottes Gegenwart in dieser Welt, über seine Zuständigkeit für den Menschen zu reden. Wenn sie damals so verstanden wurden, haben sie ihren Zweck erfüllt.

Heute kann man nicht mehr in der gleichen Weise reden, wenn man die Wirklichkeit Gottes ausdrücken will. Heute bedarf es anderer Bilder, Beispiele, Gleichnisse und Symbole, um religiöses Bewußtsein möglich zu machen. Dabei werden die Wundergeschichten der Bibel, mit denen wir uns befaßt haben, nicht ungültig, sondern ihr Aussagewert muß in unsere Zeit transformiert werden.

Es wäre wünschenswert, wenn diese Untersuchung dazu beitragen würde, ein modifiziertes Verständnis der biblischen Wundergeschichten zu ermöglichen.

Erst dann, wenn es gelingt, den Wundern den Platz in der biblischen Überlieferung zuzuweisen, der ihnen gebührt, wird auch der aufgeklärte Zeitgenosse sie nicht mehr als Hindernis betrachten, zu einem vernunftgemäßen Glauben zu gelangen.

Es war die Absicht des Verfassers, den Zwang, an Wunder glauben zu müssen, ›ad absurdum‹ zu führen und an seine Stelle die Freiheit zu setzen, sich von der Sprache der Wundererzählungen in die Wahrheit des Glaubens einführen zu lassen.

# Anmerkungen

*Einleitung*

1 *Löbsack, T.:* Die Biologie und der liebe Gott, 1968, S. 110
2 *Goethe, J. W.:* Faust I
3 *Küng, H.:* Christ sein, 1976, S. 268 f.
4 Gen 21, 1 f.
5 Ex 4, 3–4
6 Ex 7–10
7 Ex 14, 15–22
8 Ex 16, 1–35
9 Ex 17, 1–7
10 Ex 17, 8–16
11 Num 22, 28–30
12 Jos 10, 11–13
13 1 Sam 17, 1–58
14 1 Kön 17, 2–5
15 1 Kön 17, 7–16
16 1 Kön 17, 17–24
17 1 Kön 18, 38
18 2 Kön 2, 8
19 2 Kön 4, 1–7
20 2 Kön 4, 18–37
21 2 Kön 4, 42–44
22 2 Kön 5, 1–14
23 2 Kön 6, 1–7
24 2 Kön 13, 20 f.
25 2 Kön 20, 11
26 Dan 6, 2–29
27 Jon 2, 1–11
28 Lk 1, 26–38
29 Mk 1, 9–11 / Mt 3, 13–17 / Lk 3, 21 f.
30 Mk 9, 2–8 / Mt 17, 1–8 / Lk 9, 28–36
31 Mk 16, 1–8 / Mt 28, 1–8 / Lk 24, 1–10
32 Mk 16, 19 / Lk 24, 50 f. / Apg 1, 9–11
33 Mk 1, 21–28 / Lk 4, 31–37
34 Mk 1, 29–31 / Mt 8, 14–15 / Lk 4, 38–39
35 Mk 1, 40–45 / Mt 8, 1–4 / Lk 5, 12–16
36 Mk 2, 1–12 / Mt 9, 1–8 / Lk 5, 17–26
37 Mk 3, 1–6 / Mt 12, 9–14 / Lk 6, 6–11
38 Mk 5, 1–20 / Mt 8, 28–34 / Lk 8, 26–39
39 Mk 5, 25–34 / Mt 9, 20–22 / Lk 8, 43–48
40 Mk 7, 24–30 / Mt 15, 21–28
41 Mk 7, 31–37
42 Mk 8, 22–26
43 Mk 9, 14–29 / Mt 17, 14–21 / Lk 9, 37–43a
44 Mk 10, 46–52 / Mt 20, 29 bis 34 / Lk 18, 35–43
45 Mt 8, 5–13 / Lk 7, 1–10
46 Mt 12, 22–23 / Lk 11, 14
47 Mt 9, 27–31
48 Mt 9, 32–34
49 Lk 13, 10–17
50 Lk 14, 1–6
51 Lk 17, 11–19
52 Lk 22, 51
53 Joh 4, 46–54
54 Joh 5, 1–9
55 Joh 9, 1–34

56 Mk 1, 32–34 / Mt 8, 16–17 / Lk 4, 40–41
57 Mk 3, 7–12 / Mt 12, 15–21 / Lk 6, 17–19
58 Mt 6, 5–6 / Mt 13, 58
59 Mk 6, 53–56 / Mt 14, 34–36
60 Mt 4, 23–25
61 Mt 9, 35
62 Mt 14, 14 / Lk 9, 11
63 Mt 15, 29–31
64 Mt 19, 2
65 Mt 21, 14
66 Lk 7, 21
67 Joh 2, 23–25
68 Mk 5, 22–24. 35–43 / Mt 9, 18–19. 23–26 / Lk 8, 40–42. 49–56
69 Lk 7, 11–17
70 Joh 11, 1–44
71 Mk 4, 35–41 / Mt 8, 23–27 / Lk 8, 22–25
72 Mk 6, 32–44 / Mt 14, 13–21 / Lk 9, 10–17 / Joh 6, 1–13
73 Mk 8, 1–10 / Mt 15, 32–39
74 Mk 6, 45–52 / Mt 14, 22–33 / Jo 6, 16–21
75 Mk 11, 12–14. 20–26 / Mt 21, 18–22
76 Lk 5, 1–11 / Jo 21, 1–14
77 Joh 2, 1–11
78 Apg 2, 1–6
79 Apg 3, 1–10
80 Apg 5, 1–4
81 Apg 5, 5. 10
82 Apg 5, 12–16
83 Apg 8, 5–7
84 Apg 9, 32–35
85 Apg 9, 36–42
86 Apg 10, 9–16
87 Apg 12. 6–11
88 Apg 13, 9–12
89 Apg 14, 8–10
90 Apg 16, 25–34
91 Apg 19. 6
92 Apg 19, 11. 12
93 Apg 19, 13–17
94 Apg 20, 7–12
95 Apg 28, 8

## *I. Kapitel*

1 *Wetzer und Welte:* Kirchenlexikon, 1901, Bd. 12, S. 1811
2 Ebd. S. 1816
3 *Kertelge, K.:* Begründen die Wunder Jesu den Glauben?, in: Trierer Theologische Zeitung, 1971, Bd. 80
4 *Fonck, L.:* zit. nach Kertelge, ebd.
5 Gen 1, 31
6 *Wetzer und Welte:* ebd. S. 1818
7 *Herders Bildungsbuch*, 1954, S. 1213
8 *Dolch, H.:* Wunder, in: *Simmel/Stählin* (Hrsg.): Christliche Religion, 1964
9 Ebd. S. 343 f.
10 *Meissner, H.:* Christenglaube, 1965
11 Mt 11, 3–6
12 *Meissner:* ebd. S. 37
13 Ebd. S. 151
14 *Mußner, F.:* Die Wunder Jesu, 1967
15 Gen 1, 1–2, 4a
16 Mk 1, 15
17 Mk 1, 23–28
18 Babylonischer Talmud, Sanhedrin 43a, zit. nach *Mußner;* ebd.
19 *Mußner:* ebd. S. 24
20 Ebd. S. 84
21 *Krenzer, F.* (Hrsg.): Was wir glauben, 1967
22 *Kropp, W.:* in: *Krenzer:* ebd. S. 57
23 Ebd.
24 Ebd.

25 *Augustinus:* Gottesstaat XXI, 8 (im folgenden geschichtlichen Überblick folge ich m. E. dem Faden von: *Keller, E. und M.:* Der Streit um die Wunder, 1968)
26 Gottesstaat XXI, 8
27 De trinitate III, 9
28 In Johannis Evangelium tractatus VIII, § 1
29 Ebd.
30 Gottesstaat XXI, 8
31 Zit. nach *Thomas:* Summa theologica I, 110, 4
32 Ebd.
33 Ebd.
34 Ebd.
35 Ebd.
36 Zit. nach *Walch, G.:* Hauptregister zu Luthers sämtlichen Werken der St. Louiser Ausgabe, 1910, S. 2096
37 *Aland, K.* (Hrsg.): Lutherlexikon, 1957, S. 399
38 *Luther, M.:* Wider den neuen Abgott zu Meissen, Braunschweiger Ausgabe, 4. 71
39 Zit. nach *Walch:* ebd. S. 2100
40 Ebd. S. 2099
41 Zit. nach *Aland:* ebd.
42 Zit. nach *Walch:* ebd. S. 2095
43 Ebd. S. 2096
44 *Kant, I.:* Beantwortung der Frage: Was ist Aufklärung, in: Berlinische Monatszeitschrift 1784, S. 481
45 *Spinoza, B.:* Theologisch-politischer Traktat, 1670, in: Philosophische Bibliothek, 1965, Bd. 93, S. 8
46 Ebd. S. 110
47 Ebd.
48 Ebd. S. 112 f.
49 Ebd. S. 125
50 Ebd. S. 127
51 Ebd.
52 *Reimarus, H. S.:* Von Duldung der Deisten, zit. nach *Lessing, G. E.:* Sämtliche Schriften, hrsg. von *Lachmann, K.*, 1897, Bd. 12, S. 256
53 Ebd. S. 266 f.
54 Ebd. S. 257 f.
55 Mt 14, 22–31
56 *Bahrdt, C. F.:* Ausführungen des Plans und Zwecks Jesu, 1784 ff., 69. Brief
57 Ebd.
58 Mk 8, 1–9
59 *Bahrdt:* ebd. 68. Brief
60 Ebd. 16. Brief
61 *Strauß, D. F.:* Das Leben Jesu, 1840, Bd. 2, S. 192 f.
62 Ebd. S. 194
63 Ebd.
64 Ebd. S. 198
65 Mk 6, 32–44. 8, 1–10 / Mt 14, 13–21; 15, 32–39 / Lk 9, 10–15 / Joh 6, 1–15
66 *Strauß:* ebd. Bd. 1, S. 94
67 Zit. nach *Neuner-Roos:* Der Glaube der Kirche in den Urkunden der Lehrverkündigung, 1971, Nr. 31, 32
68 Ebd. Nr. 49, 51, 52
69 Ebd. Nr. 409
70 Lk 11, 20
71 *Neuner-Roos:* ebd. Nr. 80

*II. Kapitel*

1 *Ranke-Graves, R.:* Griechische Mythologie, 1961, Bd. 1, S. 160
2 Papyrus = Schreibmaterial, das aus dem in Scheiben geschnittenen und kreuzweise

verklebten Mark der Papyrusstaude hergestellt wurde. War in der Antike Staatsmonopol der Ägypter.

3 *Mensching, G.:* Das Wunder im Glauben und Aberglauben der Völker, 1957, S. 22 f.

4 *Trede, Th.:* Wunderglaube im Heidentum und in der alten Kirche, 1901, S. 40

5 Ebd.

6 *Mensching:* ebd. S. 24

7 Ebd. S. 24 f.

8 *Deschner, K. H.:* Abermals krähte der Hahn, 1971, S. 57

9 1 Kön 18, 19–40

10 1 Sam 10, 5

11 1 Sam 10, 10

12 1 Sam 10, 1–9

13 Ps 136, 4–9

14 Ps 139, 14

15 Ex 7–12

16 Ex 7, 1 f.

17 Ex 7, 3 f.

18 1 Kön 18, 38

19 1 Kön 18, 39

20 Ijob 42, 2–5

21 1 Kön 17, 24

22 *Reitzenstein, R.:* Hellenistische Wundererzählungen, 1906, S. 103

23 Apg 12, 3–10

24 *Reitzenstein:* ebd. S. 125

25 Ps 77, 20

26 Jes 43, 16

27 Jes 43, 2

28 Jos 3, 7 ff. / 2 Kön 2, 8

29 Mt 14, 22–33 / Mk 6, 45–52 / Joh 6, 16–21

30 *Reitzenstein:* ebd. 124

31 *Fiebig, P.:* Jüdische Wundergeschichten des neutestamentlichen Judentums, 1911, S. 67 f.

32 Mk 5, 1–20 / so auch Mt 8, 28–34 / Lk 8, 26–39

33 Mk 5, 6–13

34 Mk 4, 35–41 / Mt 8, 23–27 / Lk 8, 22–25

35 *Fiebig:* ebd. S. 61

36 Lk 7, 12–17

37 *Fiebig:* ebd. S. 84

38 1 Kön 17, 17 ff. / 2 Kön 4, 33 ff.

39 *Fiebig, P.:* Die Umwelt des Neuen Testamentes, 1926, S. 61

40 2 Kön 4, 42–44

41 *Reitzenstein:* ebd. S. 139

42 Gen 17, 15–22; 18, 9–16

43 Ri 13, 3–5

44 1 Sm 1, 4–20

45 Lk 1, 7

46 *Reitzenstein:* ebd. S. 106

## *III. Kapitel*

1 Mk 10, 46–52 / Mt 20, 29 bis 34 / Lk 18, 35–43

2 Mk 5, 1–20 / Mt 8, 28–34 / Lk 8, 26–39

3 Mk 5, 35–43 / Mt 9, 23–26 / Lk 8, 49–55; 7, 11–17

4 Mt 14, 13–21 / Mk 6, 32–44 / Lk 9, 10–17 / Joh 6, 1–15

5 Mt 15, 32–39 / Mk 8, 1–10

6 Jo 2, 1–12

7 Entnommen aus: *Schierse, F. J.:* Patmos-Synopse, 1970, S. 6

8 Mk 14, 22–25 / Mt 26, 26 bis 29 / Lk 22, 19 f.

9 Mt 6, 9–13 / Lk 11, 2–4

10 Mk 15, 34 / Mt 27, 42 / Lk 23, 34. 43. 46

11 *Michaelis* (1777); *Lessing* (1778); *Eichholz* (1794)

12 *Schleiermacher* (1817)

13 *Kertelge, K.:* Begründen die Wunder Jesu den Glauben?, in: Trierer Theologische Zeitung, 1971, Bd. 80

14 Lk 1, 1–4

15 *Zimmermann, H.:* Neutestamentliche Methodenlehre, 1976, S. 173

16 Ebd. S. 156

17 *Conzelmann, H.; Lindemann, A.:* Arbeitsbuch zum NT, 1976, S. 94

18 *Föhr, K.:* Wege zur Schriftauslegung, 1968, S. 252

## *IV. Kapitel*

1 Joh 18, 2

2 Die folgenden Synopsen-Texte sind entnommen aus: *Schierse, F. J.:* Patmos-Synopse, 1970, hier S. 109 f.

3 Mt 5, 38–42

4 *Glaser, H.; Lehmann, J.; Lubos, A.:* Wege der deutschen Literatur, 1970, S. 20 f.

5 Patmos-Synopse: S. 28 f.

6 Mk 2, 1–5a. 11, 12

7 Mk 2, 5b–10

8 Mk 9, 23

9 Mt 8–9

10 Patmos-Synopse: S. 43 ff.

11 *Bultmann, R.:* zit. nach *Pesch, P.:* Der Besessene von Gerasa, 1970, S. 10. Im übrigen ist die Exegese von *Pesch* zugrunde gelegt.

12 Diese These, daß die Geschichte mit den Schweinen erst in einem späteren Stadium der Überlieferung hinzugefügt wurde, wird vertreten von: *Schnackenburg, R.:* Das Evangelium nach Markus I, 1966, S. 127 – *Schweizer, E.:* Das Evangelium nach Markus, 1967, S. 62 – *Kaiser, O.:* Die ersten drei Evangelien, 1970, S. 229 – *Pesch, R.:* Der Besessene von Gerasa, 1972, S. 39 ff.

13 Der bedeutendste Vertreter dieser Richtung, der sogenannten »religionsgeschichtlichen Schule«, ist *Hermann Gunkel* (1862–1932).

14 Die »Formgeschichtliche Analyse« ist bekannt geworden durch *Martin Dibelius* (1883 bis 1947) und *Rudolf Bultmann* (1884–1976).

15 Derselbe *Rudolf Bultmann,* der durch die formgeschichtliche Analyse den mythologischen Charakter der Wundergeschichten herausgestellt hat, eröffnet durch seine existentiale Interpretation eine Möglichkeit des rechten Verstehens!

16 Joh 9, 1–7
Im übrigen ist die Exegese von *Keller:* ebd. zugrunde gelegt.

17 Ps 4, 7 f.

18 Ps 27, 1

19 Ps 119, 105

20 Joh 8, 12

## *V. Kapitel*

1 *Halbfas, H.:* Fundamentalkatechetik, 1973, S. 157

2 Ebd. S. 206

3 Religion in Geschichte und Gegenwart (RGG), 1962, Bd. 6, S. 1832

4 Joh 2, 11
5 Joh 20, 30 f.
6 Joh 4, 48
7 Mk 13, 22
8 Mk 2, 1–12
9 Mk 6, 5 / Mt 13, 58
10 *Küng, H.:* Die Gretchenfrage des christlichen Glaubens, in: Theologische Quartalschrift, Tübingen 1972, Jahrgang 152, S. 220
11 *Halbfas:* ebd. S. 211

Alle Bibeltexte (mit Ausnahme der Synopsentexte) sind entnommen aus: Die Bibel (dt. Ausgabe mit den Erläuterungen der Jerusalemer Bibel), hrsg. von Arenhoevel, Deissler, Vögtle. Freiburg, 4. Aufl. 1972.

Hermann Barth / Tim Schramm

# Selbsterfahrung mit der Bibel

## Ein Schlüssel zum Lesen und Verstehen

In einer Reihe von Beiträgen versuchen die beiden Autoren durch Hinweise und Anregungen zu einem lebendigen Umgang mit biblischen Texten heute zu ermutigen. Sie zeigen unter verschiedenen Aspekten (Identifikation mit einem Text, Selbsterfahrung und Biographie als Schlüssel zum Verstehen eines Textes), wie Distanz überbrückt und Nähe gewonnen werden kann. Dabei wird auch deutlich, daß einem identifizierenden Lesen der Bibel die historisch-kritische Exegese als kontrollierende Begleitung zugeordnet werden muß. Detaillierte Vorschläge (Übungen, Verfahren, Beispiele) für die Arbeit an biblischen Texten wollen allen, die mit den Texten der Bibel zu tun haben oder wieder stärker zu tun haben möchten (also nicht nur Pastoren, Lehrern, Katecheten), praktische Hilfen an die Hand geben.

224 Seiten, Paperback, Pfeiffer-Werkbuch Nr. 139

Gemeinsam mit dem Verlag Vandenhoeck & Ruprecht, Göttingen